英语翻译与语言学

YINGYU FANYI YU YUYANXUE

周榕　秦波　郭沫　著

安徽师范大学出版社
·芜湖·

图书在版编目(CIP)数据

英语翻译与语言学 / 周榕,秦波,郭沫著. —芜湖:安徽师范大学出版社,2019.9
(2025.1 重印)

ISBN 978-7-5676-3778-8

Ⅰ.①英… Ⅱ.①周… ②秦… ③郭… Ⅲ.①英语 - 翻译 - 研究 Ⅳ.①H315.9

中国版本图书馆 CIP 数据核字(2018)第 214829 号

英语翻译与语言学　　周榕　秦波　郭沫◎著

责任编辑:潘　安
装帧设计:张　玲
出版发行:安徽师范大学出版社
芜湖市九华南路189号安徽师范大学花津校区　邮政编码:241002
网　　址:http://www.ahnupress.com/
发 行 部:0553-3883578　5910327　5910310(传真)　E-mail:asdcbsfxb@126.com
印　　刷:阳谷毕升印务有限公司
版　　次:2019年9月第1版
印　　次:2025年1月第2次印刷
规　　格:700 mm × 1000 mm　1/16
印　　张:6.5
字　　数:90千字
书　　号:ISBN 978-7-5676-3778-8
定　　价:30.00元

前 言

进入21世纪以来，我国已融入经济全球化、知识信息化的浪潮，在以和平与发展为时代特征的地球村中扮演着越来越重要的角色，也面临着越来越多的机遇和挑战。随着我国与国外经济、文化等方面交流的增多，对外语尤其是英语方面的人才的数量、质量、层次和种类提出了更高的要求。掌握一门外语，以主动融入国际交流，是目前乃至未来社会人才必备的重要素质之一。英语已成为国际社会广泛采用的交流工具，越来越多的人将它作为第二语言进行学习和使用。

目前，我国的英语教育需要进一步适应国家和社会迅速发展的需要，因此探寻更富有成效的英语教育路径与方法是时代赋予英语教育工作者的使命。外语学习和母语学习不同，外语学习缺乏直接且真实的语言环境，翻译则是架起母语学习和外语学习之间的桥梁。翻译教学是英语教学中必不可少的一个环节，它能使学生提高分析语言的能力，揭示语言规律，对比语言结构，了解语言的文体，转换语言思维的能力，从而满足准确理解和灵活运用语言的要求。

语言学是以人类语言为研究对象的学科。千百年来，人们对语言进行了孜孜不倦的探究，并希望通过对语言的研究发现人类自身的奥秘。语言学家对语言的研究是从语言的物质外壳——语音开始的，之后对语言的结构和意义加以研究，从语言的抽象意义过渡到研究语言在交际中体现的具体意义，从而形成了语音学、音系学、形态学、句法学、语义学、语用学等一系列分支学科，进而产生社会语言学、心理语言学、应用语言学、认知语言学、计算语言学等交叉学科。

语言与文化相互制约、相互影响。思维与情感，既与语言关系密切，又是文化的组成部分。文化中有语言、思维和情感，语言中有思维、情感和文化。它们之间的相互关系是语言学习者、语言教育工作者、语言研究工作者不可忽视的内容。语言教学要重视文化方面的渗透，外语教学要重视不同文化的对比。

本书从多个层面对英语翻译与语言学进行了理论分析，并从多个角度进行了教学实践方面的阐述。笔者限于水平，不足之处定当存在，欢迎读者批评指正。

目　录

第一章 概 论

第一节 英语翻译的语言学方法和模式

一、英语翻译的语言学方法

（一）意义取向方法

翻译与意义紧密相连。要想译好原文，必须正确理解原文的各种意义。

“翻译转换”是 Catford 于 1965 年撰写《翻译的语言学理论》时所用的术语。Catford 仿效了 Firth 和 Halliday 语言学模式，他感兴趣的是：翻译能够做什么和语言的工作方式是如何进行的。他把翻译转换的术语定义为“从原语到目标语过程中，形式对应的背离”。

他把翻译转换分为两类：

（1）层次转换。用一种语言的语法和词汇所表达出来的东西。

（2）范畴转换。翻译过程中形式对应的脱离。Catford 用解读语境和理想化描述句子的方法解释了翻译转换的语言学定义，做了详细阐述。

Catford 率先将语言的理论成果引入翻译中，使翻译研究摆脱了评点式、随感式和印象式的批评方法，他对翻译的定义、可译性的描述和等值转换规律的分析在西方语言学界和翻译界引起了巨大的反响，推动了翻译研究朝科学的方向发展。

（二）等值取向方法

翻译等值一直是西方翻译理论的核心概念，早在半个世纪以前，它就已经成为翻译界关注的焦点。20 世纪 50—60 年代的人们开始更多地尝试对翻译进行系统的分析。争辩，围绕某些关键的语言学问题，尤其是意义与等值的问题，产生了。Nida 指出：“翻译中有两种不同类型的等值，即形式对等和动态对等。形式对等在形式和内容上侧重于信息本身。然而，动态对等是基于等值效应的原则。”

形式对等包括目标语代表原语的单词和短语最近似的等值。但两种语言之间不总是有形式对等。动态对等是基于 Nida 的“等效原则”，信息对接受者的语言学要求和文化的期望加以修饰，并且旨在强调表达得完全自然。

自然对等是 Nida 对翻译的重要要求。他把动态对等的目标定义为“原语信息的最近似的自然对等”。接受者的取向方法认为，有必要对语法、词汇和文化关系进行研究，其目的是为了达到自然等值。目标语不应受原语的干扰，原语信息背景的外来语应该减到最少。

Nida 对翻译理论与实践的贡献是无可争议的。Nida 指出，等值效应是翻译的基本要求，具体表现如下：一是理解，二是传达原语的精神与神态，三是有一种自然和容易的表达形式，四是产生一种相似的效应。Nida 的动态对等也是一种等级概念。若要等效，意义对等必须优先于风格对等。Nida 赞同把动态对等的应用看作是一种更有效的翻译过程。假若我们考虑 Nida 处理过的翻译的情景，这是可以理解的。

（三）话语分析、语用学和篇章语言学方法

翻译理论来自语言学。它主要是语义学（话语分析）的一个方面。在实际翻译中，我们所需要翻译的是语言的深层结构，即语义结构。

20 世纪 80—90 年代，人们发现话语分析的成果已经逐步运用到翻译研究中来，这些研究着眼于揭示实际翻译中发生的事情，指出意义不是指在单词和语法范畴之内，而是通过跨越单词、短语、

从句、句子和文本而传递的信息。首先，语言学与翻译语言学研究拓宽了分析范围，逐步从单词到句子。句子结构作为一种分析单位的文本和一种体现文化价值的文本，与某种实践和概念的文化有着联系。其次，研究者认为，所有语言的使用被看作是一种媒介，语言学的研究强调翻译在意识形态中的作用。

90 年代的话语分析涉及语言的交际意义、社会和权力关系的方式以及翻译研究的声望。话语分析模式的最大影响是 Halliday 的系统功能模式。可是，对翻译研究使用语域分析的是 House。她采用了 Halliday 的语域分析模式，而且系统地规定了原文与译文对比的基本标准。她撰写了《翻译质量评估模式》，倡导语义学和语用学方法。

语用意义的翻译是翻译中的一个难点，译者要透彻理解作者的语用意义。Mona Baker 指出，语用翻译要注意翻译的外延意义，而且要注意在交际中使用话语的方式以及在话语中解释它们的方式。她认为，语用翻译的各种表现要把相关的语言学概念应用到语际转换中去。

德国学者 Albrecht Neubert 和 Gregory Shreve 指出，只有具有翻译语篇过程的经验理解，才能提高翻译教学和翻译实践。翻译的篇章语言学方法试图解释和描述翻译，它没有规定翻译应该如何进行。也许它能帮助译者从语篇上意识翻译的策略，但没有告诉他们在翻译过程中确实应该做什么。

（四）语料库方法

语料库语言学是语言学的一个分支，它是在语料库的基础上研究语言，采用语言描述的经验方法。到了 20 世纪 90 年代，语料库语言学开始为翻译研究提供大量的分析方法。Baker 建立了世界上第一个专门研究翻译的语料库。语料库的建立为解决翻译研究问题开辟了新的途径。

通过翻译英语语料，能探索翻译的基本规律，分析译者的文体风格，而且能够验证许多翻译理论家提出的假设。Baker 描述了三类电子语料库，它们对翻译学者起着很大的作用，即平行语料库、多语语料库和可比语料库。

（1）平行语料库。由语言的原创文本和相应的翻译文本组成。它能为语言的翻译行为提供信息，典型的应用范围包括译者培训、双语词典编撰和机器翻译等。

（2）多语语料库。它是根据类似的设计标准用相同或者不同的惯例建立起来的两个或多个不同语言的单语种语料库。它能用于对比语言学的工作，包括双语词典编撰。

（3）可比语料库。收集两种不同的文本，一种文本包含某种语言产生的原文文本，另一种文本包括从其他语言翻译成英语的文本。

在三种语料库中，可比语料库揭示了翻译文本固有的特征，通过涉及其他可比语料库的研究发现翻译活动的一些特殊规律。Baker 将语料库用于翻译研究，对翻译的性质和特征进行了很好的描述，为翻译研究提供了新的武器，扩展了翻译研究的范围，克服了传统翻译研究的不足，并取得了令人瞩目的成果。穆雷指出，语料库就像一个显微镜，它能使我们更深刻、更细微、更具体地去探究翻译这一复杂现象。任何一个利用语料库进行翻译研究的学者都必须对翻译传统领域有所涉猎，方能运用这一崭新的研究工具把翻译研究不断推向深入。

二、英语翻译语言学模式的建立

（一）翻译过程的语言学描写方法

翻译语言学运用语义取向法、话语分析取向法、语篇语言学取向法、语用学取向法和语料库取向法等语言学方法描述翻译过程。

Nida 认为，翻译科学研究是比较语言学的一个重要分支。这种研究应以语义为核心，要在动态对等的层次上进行比较。

话语分析已发展成语言学的一支新兴学科，话语分析的成果（主位推进、衔接连贯、问题解决模式及宏观语篇结构）也逐步深入地被运用到翻译研究中来。

作为语言学中的一个流派，语篇分析在对翻译研究产生影响。例如，在具体的篇章中，存在由于语境制约而导致的指义偏离、贬损义偏离、褒奖义偏离和情感义偏离。

随着语用学的发展，语用翻译理论也在不断成熟。维索尔伦的语境动态顺应论可将翻译理论纳入一个连贯统一的框架，而且动态顺应为拓宽翻译研究的发展空间带来诸多有益的启示。

语料库语言学的发展对翻译研究产生了巨大的影响。只有解决好了语料的代表性问题，语料库翻译研究才能更好地健康发展。

（二）翻译的语言学标准

翻译研究只有以语言学的理论作为主干框架，才会对翻译活动有本质的认识。对翻译问题的学术探讨，可以采用不同的途径，既不能够把它们做简单的比较，又不能用甲的标准（规则）来衡量乙的做法。翻译的标准是语言学理论。当理性意义与联想意义一致时，翻译是确定的，直译可达到“信”“忠实”的标准；当理性意义与联想意义不一致时，可采用翻译的其他标准，如不违背知识的客观性、理解的合理性、解释的普遍有效性、译文的普遍可接受性、符合原文文本的定向性等。

第二节 英语翻译教学研究的理论视域

一、认知语言学理论与翻译教学

作为语言学中的一个比较新的理论，认知语言学认为，相对于人类掌握的其他能力来说，语言能力的独立性并不是非常强烈的，它与人们掌握的其他能力关系密切。

作为语言和表达的一部分，句法和语言中的词汇、语义的关系密切，尤其是语义在语言中的作用更大。在任何一门语言当中，语义的理解不仅仅是一种客观表现，还带有一定的主观性，只有两者相互结合，才能使语义的表达更加真切。在语义的研究层面，人的主观看法和心理是无法避免的两个主要因素。所有语言中的单位范畴，可以说都是非离散性的，这和人所建立的大多数范畴基本上是一致的，即不同的范畴之间没有明显的边界。

认知语言学在对人类认知共通性进行充分承认的基础上，对不同民族语言的特殊性进行了深入的研究，认为不同民族由于存在不同的认知特点，由于其对民族的特殊影响，自然会对该民族的语言产生不同程度的影响。因此，在翻译教学的实践过程当中，要格外重视学生的实践过程，只要实践过程完成顺利，学生的翻译水平以及相关的语言能力自然会提高。

认知语言学认为翻译过程与其他任何一个实践过程不一样，要以原文为生产基础，是一个再生产的过程。尽可能将原文解释得合理，合理是这个过程的主要目标。

认知语言学的建立基础是体验哲学，所以与传统的翻译相比具备天然这个特点。对于翻译来说，认知语言学更加注重译者的具体实践和表现。实际上，翻译的本质就应如此，但由于观念的不同，这个本质始终没有得到相应的重视。当然，这里所说的重视翻译实践的过程并不意味着对译者的主观思考进行抑制，而是说译者在进行翻译实践的过程中要受到原文思想和语言的相关限制。

因此，当认知语言学对当前的翻译教学进行指导、对当前的教学方式进行审视的时候，意义就非常深远。与此同时，翻译教学的实践也因为认知语言学而打开了一个新的视角，这对于翻译教学中的教师和学生来说，都是一种新的思维方式。

认知语言学理论对翻译教学有重要的启示：

我们知道，从事翻译工作的主要群体就是翻译工作者，而翻译中认知语言学的关注点就是在翻译活动中译者对整个翻译过程的认知活动。通常我们可以将这个过程分为三个阶段，即经历的体验、认知和再现。

对于认知语言学在翻译教学中的作用，有很多学者提出了各种不同的观点。有的学者认为翻译的过程实际上就是一个创造的过程，在这个创造的过程当中要兼顾作品的和谐性和语篇性；也有学者认为翻译的世界不仅包括现实存在着的世界，还包括人们认知中的世界等。相关的表述多种多样，但无论如何，这些学者拥有相同的出发点，即认知语言学并非是一个单一学科，而是一个综合性学科。

二、建构主义理论与翻译教学

在建构主义教学模式中，学生依然是教学活动的中心，教师在整个教学活动实施过程中的主要作用就是组织、指导、帮助和促进。同时利用各种环境和方式方法对学生的学习活动进行调动与激发，使学生的主动性和创造性发挥到最大，最终达到预设的教学目的，也就是学生能将所学到的知识发挥到最大程度，这就是建构主义教学模式的核心。对于当前环境中的翻译教学来说，建构主义教学模式不仅具备一定的针对性，还具备重要的指导意义。

（一）建构主义理论与翻译教学的联系

建构主义理论是近年来广泛应用于西方国家的一种新兴的教学理论，它也是在认知学习理论基础上衍生出来的一种学习理论，是认知学习理论的一个重要组成部分。对于建构主义理论来说，它更注重内在层面的学习过程，认为建构完备的心理需要通过学习来完成。不管是获得知识还是获取技能，仅仅通过教师的讲授是远远不够的，还要通过学生自己的体验和实践。学生以原有的知识和经验为基础，在一定的环境下利用他人可能是老师也可能是同伴提供的帮助，通过对工具的合理利用，掌握相关的知识与技能，这就是实践中的一种意义建构。

而以此为基础的翻译教学，尤其是教学课堂中，学生的角色也发生了颠覆性改变，学生不再是被动地接受知识和翻译技能，也不再是重复单调的翻译学习，而是成为课堂的中心，课程的主人。

对于翻译学习活动的参与来说，根据以往积累的知识和经验，学生完全能够左右课堂中的知识学习，对于翻译知识和技巧的提升，学生可以通过多个途径来获取，这些途径包括学生之间的讨论、具体的实践以及团队合作或信息的再加工等，通过这些方式，学生的主观能动性得到了充分的调动，相关的知识和技巧也得到了充分的挖掘和提升。学生在具体的环境中对相关的翻译知识和技巧进行理解和同化，最终实现有关翻译知识的意义建构。

（二）建构主义理论对翻译教学的启示

1. 在知识建构中激发学生的认知主体作用

在任何一项翻译实践中，实用性都是翻译活动要遵循的一个重要原则。这对于正在翻译学习中的学生来说是尤为重要的。由于在建构主义理论教学中学生是教学活动的主体，翻译教学自然也不例外。为了尽可能在翻译实践中得心应手，学生就要充分调动自己的主观能动性，积极参与翻译的实践，尽最大可能去探索未知领域并获得知识。

与此同时，教师也应当适应新时期的教学角色，从知识的传播者和灌输者向引导者和组织者转变。学生身份的转变并不是说学生可以为所欲为，而是要从知识的奴隶逐渐转变成知识的主人，并在此基础上对知识进行深度挖掘，最终将知识串联起来，也就是知其然也知其所以然。

在翻译的实践过程中，由于之前的知识积累和经验总结，学生会对原文产生不同的理解，建构起不同的意义。翻译课堂上教师的一个重要任务就是帮助学生建立相关的知识体系，同时要促进学生去激活这些知识。通常上课之前的准备活动就可以完成这一阶段，当然，课堂中教师的讲解和提示也是完成这一阶段的重要手段。另外，学生可以通过一些别的渠道获取与课文相关的资料和知识，例如网络等途径，从而使自己的知识完善。

2. 在知识建构中发挥教师的“中介”作用

在传统的教学当中，人们总是凸显教师在课堂上的作用，一定意义上讲，教师主导着传统的教学活动，因为从上千年前，教师的作用就是传道、授业、解惑，这就奠定了教师课堂上主导的基础。换言之，在课堂上或者说在知识领域中，教师的权威性不容置疑，但也正是这种权威性的存在，这种强制性灌输知识的方式，对于学生在学习知识上的积极性和创新性来说是重大的打击。因此，为了调动学生学习的积极性，增强主动获取知识的能力，教师应尽可能放权给学生，让学生根据自己的需求和兴趣主动获取知识。

这种教学方式对于教师来说是一种考验，因为每个学生都是不同的，要想调动全部学生的学习兴趣，就要针对不同的学生采取不同的引导策略，只有这样才能激发学生对学习的兴趣，进而产生学习的积极性，与此同时，教师还要在学生的实践空间和思维方面进行调动，让学生能够以积极的态度面对问题并尽量自行解决。在翻译教学中，教师要充分发挥自己“中介”的作用，同时对学生提出新的要求。

3. 在知识建构中强化“合作”的枢纽作用

在建构主义教学的观点中或者说在建构主义形成的教学模式中，学习的过程应该包括相互之间的交流和团队之间的合作。团队之间的相互沟通和合作对于知识体系的构建起着重要的积极作用。具体到翻译教学的实践中，就是团队对将要进行的翻译实践进行相关的讨论和交流，在教师启发性问题的引导下，学生可以通过辩证的创造性思维对问题进行剖析和理解，进而及时纠正存在于翻译实践中的问题。这种合作过程的主要特点就是交流，包括学生与学生之间的交流活动，以及教师与学生之间的交流活动。由此，我们可以知道，教育是人才培养和造就的主要途径，尤其是创造性教育。也只有创造性的教育，才有可能培养出创造性的人才。

因此，在翻译教学实施的过程中，利用相应的教学模式对学生思维及其创新的培养意义重大，如启发式教学和情景式教学。在翻译教学中引入建构主义理论，对翻译教学的传统模式来说是一种颠覆，教育的重点从学生知识的掌握转移到实践能力的增长。也只有这样，培养出来的学生才能更加适应现在的社会现状，在未来的实践中才能得心应手。

第三节　英语翻译教学研究的重要性和意义

21 世纪是经济全球化和技术腾飞的一个新世纪，更是人类文明交流与日剧增和文明发展的一个新世纪。刘宓庆指出，21 世纪有三大景观，即科技发展、全球性经济的整合发展和世界文化的多元化、多方位、多层次发展。伴随着三大景观的是三大趋势，即全球性的交流互动趋势，全球性的改革、变革趋势，以及全球性的知识提高、深化和普及趋势。这三大景观和三大趋势与翻译的关系极为密切，集中体现在四个“求”上，即人才需求、产品需求、功效需求和质量要求。刘宓庆的这一断言具有前瞻性，深刻地剖析出新时期对翻译人才和翻译市场的迫切需求。

据统计，全球翻译市场目前的年产值超过 130 亿美元，亚太地区占 30%，其中中国市场约为 120 亿元人民币。我国紧缺五类翻译人才，包括会议口译者、法庭口译者、商务口译者、联络陪同口译者、文本翻译者。中国翻译协会的数据显示，目前我国现有职业翻译人员 6 万多人，相关从业人员超过 50 万，专业翻译公司 3000 多家，但胜任翻译工作的人才缺口高达 90%，市场上高水平的翻译大约只占总数的 5%。我国的翻译人才队伍亟待充实提高。另外，作为一个经济迅速发展的国家，作为世界上人口众多的国家，中国自然是一个翻译大国。中国的改革开放以及与世界越来越密切的联系离不开翻译，外国大量的科技、管理、外交、经济、文化等材料需要翻译到中国来，同样中国大量的类似文件要翻译到国外去。

尤其是进入 21 世纪，在全球化和信息化时代的今天，随着中国经济的快速发展，中国的国际地位进一步提升，中国与世界各国在政治、经济、文化等各个领域的合作与交往日趋频繁，中国经济发展的成功经验以及社会文化生活的方方面面都需要以恰当的方式介绍到国外，国外先进的科技以及经济、管理等值得借鉴的经验也一如既往地需要介绍到中国，因此国家对复合型、应用型英语翻译人才的高度需求已成为不争的事实。更重要的是，承载着中国文化的中国文学、中国戏曲等多种媒介形式应该更多地译介成各种文字，使世界人民了解中国多姿多彩的文化。所以，如果说中国的近现代及以前的翻译史主要是一部外译汉的历史，那么当代中国更需要大批汉译外的优秀人才。“这其中尤其要重视能胜任从事中国传统文化、中国国情资讯外译的研究型译才。”因为谁也不能否认，要把中国的传统文化和国情介绍到国外，不是单靠语言的功底就能完成的，还需要对中国文化、中国国情进行深入的研究，真正了解中国文化和中国国情的内涵。

按目前的情况看，高级的汉译外人缺乏仍然是中华文化走向世界的一个瓶颈，因此培养高级翻译人才是当今中国社会发展和中国走出去战略实施的呼唤和迫切需要。

从专业角度讲，英语专业培养出来的毕业生，如果毕业后不转行，大多数人都会在工作单位从事一定的翻译工作，所以翻译是毕业生应用较为广泛的一种技能，英语专业毕业生的语言水平和翻译直接关系到自己的工作，正如穆雷指出："学生的母语和外语水平，工作以后大多要从口译或笔译中体现出来，学生对翻译的掌握程度常对他们的工作产生较大影响。"学生的语言水平以及翻译水平当然有赖于翻译教学，由此可见翻译教学所承担的重任。

通过翻译教学，翻译理论才得以广泛传播；通过翻译教学，我们才建立起自己的学术基地和学术队伍；通过翻译教学，翻译事业才能源源不断地获得新生力量，才能生气勃勃，永葆学术青春。我们的社会主义现代化建设，需要培养相当数量和较高质量的翻译工作者，而在这支队伍的建设中，翻译教学承担了举足轻重的任务，甚至可以说，翻译教学是翻译这一学科发展的命脉。

新时期对翻译人才的需求和对高校英语专业的翻译教学提出了更高的要求。在这种新的时代背景下，高校要重新认识翻译教学肩负的重任，应该为国家和社会的发展培养高质量、高素质的文化翻译人才以及各种应用型翻译人才。本科翻译教学是培养翻译人才的初级阶段，但又是非常重要的阶段，因为这个阶段首先要培养学生对翻译的兴趣，引领他们将翻译视为一种语言的游戏，从而激发他们提高双语水平，为以后走上工作或继续深造奠定良好的基础；其次，这个阶段的翻译要把更多的时间放在翻译务实环节，将英汉对比、语篇分析和翻译技巧有机结合起来，让学生有更多的翻译实践机会，并教会他们学习翻译和练习翻译的有效方法；再次，要教会学生如何去评析一篇译文，这样可以从中学到有用的语言知识、文体知识、文化知识等；最后，让学生了解翻译在历史和当今时代的作用，从而激发他们从事翻译的使命感和责任感。

第二章　英语翻译教学原理

第一节　英语翻译教学现状分析

一、英语翻译课堂教学现状

目前，一部分翻译课教学以课堂为主，以书本为中心，教学模式相对单一。教师对语法知识传授投入了较多的精力，但由于课时所限，难免顾此失彼，在翻译技能培训方面不够重视。学生往往追求正确答案而不求甚解，没有积极思维意识。这往往影响学习效果，无法更上一层楼。此外，经调查发现，我国的大专院校学生对英语的词汇、语法的学习大都比较关注，常常将大部分时间都花在词汇、语法等学习点上，而这不利于应用能力的培养和提高。

二、英语翻译教学内容现状

随着科学技术的发展和社会的不断进步，今天已经处于一个经济、文化多元化发展的新时代，人们的思想意识和观念也随之产生了变化，这种大氛围的改变使得许多学生的思想、个性发生了深刻的改变，从而需要更丰富、更新鲜的教学内容来刺激他们的神经，激活他们的学习动力。但是，在今天部分院校的英语翻译教学内容仍然大量采用传统的教材，这些传统教材的专业性一般都较强，且比较偏重于理论，不能反映当代社会的现实情况。同时，能够充分反映时代新信息的科技、外贸、影视、媒介、法律、军事等题材的教材很少。这种情况下，学生无法掌握新的相关专业知识和专业术语。传统教材给学生的翻译学习和翻译实践造成了很大的困难。

三、学生个人英语翻译素质现状

（一）学生个体素质的差异性对翻译教学的影响

可以这样说，虽然大学英语是每一位在校大学生都要学习的一门功课，虽然它针对的是大学里面的所有专业，但是学生个体的英语水平参差不齐，因此在进行翻译教学的时候就产生不同的教学要求。可以肯定地说，对于翻译教学的结果来说，学生的英语水平起决定性因素。这并不是说英语水平高的人翻译水平也高，翻译出来的作品也具备高水准。

事实上，要想翻译出一份质量好的作品，要求学生不仅要具备很高的英语水平，还要具备相应的词汇功底和储备，并在书面语、阅读和听力等方面具备较高水平，只有这样才能在翻译的过程中将原文的含义最大程度地表现出来，达到预期的教学目的。反之，英语水平较低的学生，翻译出来的作品自然就水平有限，很难达到预期的翻译教学目的。

（二）学生的英语功底现状

1. 学生英语功底不扎实

首先，有相当一部分学生在翻译的实践过程中，很难对英语句子中的含义或引申义进行全面和合理的解释或理解，这种障碍的存在导致的结果就是翻译出来的句子会引起读者的误解甚至是笑话。

其次，学生在翻译实践中的词序或语序问题。由于受到英语句式及词序搭配的影响，学生在翻译表达的过程中可能出现很多不符合中文表达习惯的翻译，使翻译的结果有时很牵强。

最后，就是长句子，在英语中，经常能看到一些句型比较复杂、排列较长的句子，这在翻译实践中是重点和难点。在翻译的过程中，不管是句子中的前置词，还是从句部分，学生都很难在理清句子成分的基础上，将它们翻译成汉语中的分句。导致的结果就是翻译成的汉语成为外语式长句，这在汉语的语言表达中是非常少见的，是令人感到不习惯的。

2. 学生对英语文化不甚了解

目前，我国仍有部分学生对英语文化知识的了解不多，这是造成他们在进行英语翻译时出错的重要原因。

四、英语翻译教师素质现状

在大学英语的翻译教学中，教师自身的素质水平也是非常重要的。在大学从事翻译教学的教师中，有相当一部分教师是从学校毕业后，直接从事翻译教学工作，这类教师缺乏相关的翻译实践经验，更不用说紧跟时代步伐，翻译与时俱进，他们本身就是与时代脱节的一个群体，充斥于他们教学过程中的内容自然也就比较落后，导致的结果就是学生也无法跟上翻译的时代步伐。

五、英语翻译教材现状

目前的翻译教材一般都会涉及翻译理论知识（翻译技巧和基本技能）的讲解，而这些基本理论的讲解对翻译的初学者来说是必要的。对于初学者来说，如果没有一定的翻译技巧和技能的指导和制约，他们便不知道如何更好地翻译，也不知道自己的翻译是好还是不好。然而，由于目前高校所使用的翻译教材不太容易进行举例教学，且其中的文学类例子较多，对于翻译初学者来说较为困难，适合他们的简单的、基本的例子则相对较少。同时这些教材还存在一定的滞后性，教材内容大多滞后于时代的发展，因而缺乏时代性强、信息性强的翻译例子。在这样的情况下，学生会因为教材内容较难或较为乏味，不能引起他们学习英语翻译的兴趣。

第二节　英语翻译教学的目标与内容

一、英语翻译教学的目标

本科阶段翻译教学的主要目标在于提高和培养自己，在具有专业素养和职业素养的翻译教师的指导下，学习者能够提高自己的双语水平，培养自己的翻译实践能力，加强自己的逻辑分析能力、审美判断能力以及文化认知能力。沙夫纳认为，翻译能力包括语言能力、文化能力、文本能力、语域能力、研究能力和转换能力。本科阶段的翻译教学应该注重培养学习者的语言能力、语域能力、文本能力、文化能力和转换能力，研究能力是本科阶段之后需要着重培养的。当然，在培养学习者上述能力的过程中，还应同时培养翻译学习者翻译工具的使用能力。

二、英语翻译教学的内容

本科翻译教学应该把主要的时间放在学习者翻译能力的培养上，也就是翻译技能的培养上。翻译课要让学习者真正掌握一些翻译技巧，学到一些规律，就必须重视两种语言的对比，因为只有通过对比才能真正意识到译文是否地道，也就是说，只有重视了两种语言的对比，学生才能真正知道如何翻译，而且知道为何这样翻译，可见双语对比在翻译教学中的重要性，

除两种语言的对比外，还应重视两种语言背后文化的对比。不同民族因为人类居住的环境和生活习惯不同，其形成的文化也会存在很大的差异，而文化又会对翻译的具体操作产生影响，这种影响有时会是一种“制约”，甚至成为翻译中的“难题”或“瓶颈”，因此翻译与文化之间的关系密切。换言之，翻译不单单是语言转换的问题，而是与文化有着千丝万缕的联系。

在有限的翻译课时当中，教师要合理安排时间让学习者进行译

文评析。译文评析可以是对某一学习者完成的优秀译文进行评析，也可以对一名家的译作进行赏析，当然也可以对一份质量不高的译文进行评析。对译文进行评析不仅有助于学习者认清优秀译文的标准，更重要的是培养学习者的批判性思维模式。批判性思维是一种探究性的思维模式，在现代社会已被普遍确立为教育目标之一，特别是高等教育的目标。

第三节　英语翻译教学中的课程设置与教材研究

一、英语翻译教学中的课程设置

不管是衣食还是住行，不管是精神方面的还是生理方面的，都与对外交流有一定的关系，而翻译就是交流中的一种，因此，对翻译的要求就是要对生活中的各种常识有一定程度的了解，只有这样才能适应翻译实践。尤其当翻译工作者的工作内容是外事方面，这些内容就是工作的基础。由于翻译的内容各种各样，涉及的范围非常广泛，很多内容和方向根本不是英语专业或其他外语专业的人能胜任的，因此翻译教学必然会面对其他各种专业人员，这也就意味着翻译教学中的学生英语水平参差不齐，通过学习英语或者说翻译，可以加强专业能力，拓宽英语的实际使用范围，对于学生的综合素质培养和未来的就业，都有着相当重要的意义。因此，翻译课程的开设和学习对学生的吸引力是巨大的。

目前，翻译教学中学生表现出的问题主要有以下三个方面：首先，不能准确理解原文；其次，不熟悉文化差异即背景知识；最后，不熟悉相关业务知识。

目前，我国已有超过 100 所本科院校开设翻译专业，但是随着社会对专业翻译人才的需求越来越大，翻译教学中的教师和学生与强烈的社会需求之间产生了矛盾。一方面，大学通过翻译教学培养出了大量的专业翻译人才，另一方面，已经成型的教学理念、教学模式以及相关的翻译教学课程设计对学生翻译能力的形成有很大的制约作用，培养出来的人才还不能完全满足社会的需求。他们还要在社会上经过很长时间的提升和历练才能逐渐适应社会，相应的翻译能力也才能符合社会所需。

我国外语专业本科教育，在较长时间内均为语言文学型通才教育。过去，翻译课程作为外语专业教育课程构成中的一门或两门，在外语专业本科教育中相当普遍。设一门，通常是翻译；设两门，通常是外汉翻译与汉外翻译。近年来，外语专业纷纷加设口译，如2000年英语专业教学大纲把翻译课细分为口译和笔译，笔译设在第六、七、八学期，口译设在第七、八学期，一般每周2～6学时不等。

翻译本身是跨学科、跨文化的综合研究，其中不仅涉及两种语言的学习运用，还涉及不同的应用领域，但由于翻译长期以来不作为一门专业来传授，教学内容的设置方面有着先天不足，而后天又缺乏其他相关学科的补充和提高，如汉语课、写作课、相关专业（金融、外贸、外交、科技、法律、管理、会计、广告、新闻、教育、旅游等）训练等。翻译教学往往只注重语法结构和某些特殊句型的翻译，例句陈旧过时，忽略了教学内容的实用性和时代性，不仅如此，在与不同语言及文化相关的思维培养以及相关的理论层面，也缺乏相应的培养体系。

在传统的教学中，人们通常将翻译当成是英语教学的一种检验手段，通过翻译段落或篇章或以课文为主体进行相关的翻译练习等具体形式来进行。这样做的特点是明显的：首先就是以课本中的课文为中心，主要探讨的也是词语或句子的用法；其次就是翻译单位，由于传统英语教学中的翻译单位通常是句子，不同的句子之间可以说是没什么关系的，这在翻译中是不可行的，因为翻译不仅是要对单独的句子进行翻译，还要练习上下文以及隐藏在文字深处的内容；还有一点非常重要，就是译文的目的，在传统的英语教学中，学生只要能够熟练应用词语和句子结构，并不需要过多考虑句子的具体用法，因为他们翻译成果的阅读对象只有教师，而教师在面对学生的翻译成果时，经常会带有一定的主观看法。但从事翻译实践的人不同，他们面临的对象是广大读者，不同的人对翻译的要求也是不一样的。在传统的英语教学中，学生所掌握的相关知识并不能满足翻译实际的需要。

对我国翻译教学中存在的诸多问题，译界研究者见仁见智，他们分别提出了自己的见解，尽管其中相当部分是针对英语专业翻译教学而言的，但对于翻译教学来说，仍然具有非常重要的借鉴和启示作用。大卫·纽南主张“以学习者为中心的课程设置”，也就是说，由于教师自己认知的有限性，导致教师在上课的过程中很难满足学生对知识的需求，这就要求教师在制定教学计划和教学内容的时候要有针对性地对知识进行归类和处理，让学生在有限的学习时间内掌握到尽量多的符合社会需求的知识与技能。在翻译教学中，学生除了要学习相关语言的特定技能之外，教师的一个教学重点就是培养学生的学习能力。

虽然在对翻译教学模式研究当中，不同的学者根据自己的侧重点会产生不同的观点，但对翻译教学的指导具备一定的一致性。那就是反对传统的以教师为中心的教学方式，一定程度上是对教师核心的一种批判和摒弃。他们一致认为在教学的过程中，学生才是教学的中心和主体，只有充分尊重学生的主体意愿，让学生积极参与教学活动的每一环节，从思想或内心领会到学习的乐趣，产生真正的内在觉悟，才有更大的动力去探索与翻译相关的各种知识与技能。翻译学科本身的复杂性、独特性、灵活性和多样性决定了翻译教学方法必须根据教学内容来灵活掌握。以往的教学方法常常局限于学生练习和教师讲评，讲评又多集中于错误分析，批判多而赏析少，很容易打击学生的积极性，教学效果不理想。同时，翻译课在某些院校是大班上课，教师作业批改量大，耗费很多的时间和精力，无法有针对性教学，使学生缺乏充足的训练，讲评又因翻译标准的不同而无法确切衡量翻译练习，容易导致讲评要点散乱无章，无规可循。另外，由于缺乏系统的教材和教学大纲，教师多自己增加一些其他内容和相关的练习，教学安排具有较大的随意性，造成翻译教学重点不突出，难以有效地与相应的社会需求接轨。

从原则上讲，大学三年级开设外译汉，四年级开设汉译外，每周两学时，但这并不是说这些时间就是固定不变的，可以根据具体的需要和学生的水平适当增加或减少。如今的大学院校都是以学分制对学生的学习情况进行考核和判定，这就意味着翻译课程的实施拥有了更多的灵活性，譬如可以利用晚上或周末的时间开办翻译选修课。此外还可以根据需要，开办相应的培训班。当然，随着社会的发展和科技的进步，利用先进科技手段进行翻译教学课程的实施也是很有必要的，因此就要求教师对网络要相当熟练，只有与时俱进，才能吸引学生的目光，进而调动学生的积极性。

另外，在翻译教学课程的实施过程中，要注意方式方法，尤其是口译课程，教师要采用合适的授课方式，尽量避免将口译课的上课形式与英语中的高级口语课混淆，还要保证口译课的上课时间充足，通常情况下，口译课的实施时间是在大学的三年级和四年级。此外，不同专业的学生在英语方面的水平不一致，因此在教学实施的过程当中要有针对性地选择与学生专业有关系的文章进行相关的翻译实践，在教学过程中，可以组织学生进行讨论修改，接触社会和实际的翻译工作，提高学生的实际应用能力，并在此基础上获得一定的经济效益和社会效益。

二、英语翻译教学中的教材研究

（一）教材编写原则

1.“以学生为中心”和“跨专业合作”

当前形势下的英语教学应以学生作为教学的主体，要想从根本上提高学生的英语水平，或者说是翻译水平，就要从学生的主体性入手，充分调动学生的积极性，将学生的主体性发挥到最大，才能有效提高学生的翻译水平。因此在编写教材的过程当中要将学生的发展放在首位，教材的编写要突出学生的学而不是教师的教，这一指导思想要贯彻实施到教材完成的每一个环节。

2. 注意跨专业合作

翻译涉及人们生活的方方面面，因此翻译教学就要相应开设到不同的专业当中，再加上不同专业学生的英语水平参差不齐，翻译教师在进行相应的翻译教学实践的时候要注意到这些，相应的教材编写时也要考虑到这些。首先教材在编写的过程中要对不同专业学生的英语水平有一个彻底的了解和判断，进入翻译教材的内容应在不同专业英语水平的知识范围之内，通过教师与教师以及教师与学生之间的合作，选择恰当的内容或题材进入翻译教材，尽最大能力提高学生的翻译水平。

3. 实用性

教材的实用性在一定程度上需要全面考虑大学生在现实生活中的情感、思想和生活经历。在进行设计的时候，教材编写人员要全面分析大学生在学习过程中的真正需求以及在将来工作生活中所需的技能，进而确保学生能够通过在校学习，真正获得一定的能力，在获取知识、掌握技巧以及提高使用能力等方面都获得比较显著的提高。

4. 知识性

教材的内容需要提供一些大学生真正感兴趣的东西，让学生能够在兴趣中得到知识的沐浴。学生在良好的兴趣指引下可以进行认真的学习。

5. 多元文化性

越来越多的人开始注意到要想真正提高学生的翻译运用能力，一定要注重翻译文化的导入。很多教师也逐渐意识到单一知识的传授已不能满足大学生翻译学习的需求，学生进行翻译学习的最终目的就是跨文化交际，语言教育在很大程度上属于文化教育的范畴。

（二）翻译教学内容应适应社会需求，课程设置比例适当

在“语言知识与技能”模块，在注重听、说、读、写综合能力培养的同时，英语专业院校应加大翻译课程的比例，在教学中增加翻译尤其是口译等课程的课时。翻译课上，教师要尽量采用与真实活动相关的材料。翻译教学不仅应当讲授传统的口译和笔译的技巧，还应当适当导入翻译理论和技能传授，提高学生的技能意识和转化能力，增强英汉对比的内容，培养语言意识，融入实用文体翻译，提高语篇能力，加强学科专业的学习，培养学生学科发展的能力，增加文化知识的输入，培养跨文化意识，最终提高学生的语言技能和翻译能力。

第四节　英语翻译教学中的师资与学生

一、英语翻译教学中的教师

（一）构建教师个人教学理论

虽然英语教师的个人理论在英语教学包括英语翻译教学中并不明显，但教师的这种个人理论体现在实际的翻译教学中作用重大。不管是教学活动还是课堂上的教师教学行为，决定因素就是教师的个人理论，因此可以说，教师的个人理论可以作为教师的教学

核心。有些翻译教师在进行翻译教学实践的时候，希望通过相关的教学理论来提升自己的教学效果，但由于相关的教学理论与实际的教学现状存在一定程度的脱离，这导致的结果是教师不仅没有获得想要的教学效果，反而陷入了教学误区，导致教学进程停滞不前甚至退化。那么应该如何解决这种问题呢？最主要的方式就是提升教师自己的个人理论水平，在教学理论水平提高的基础上形成属于翻译教师自身的、对翻译教育有推进作用的知识。

（二）大学英语师资队伍建设观念

大学生翻译水平的高低，除了涉及学生自身的努力和水平以外，教师可以说是关键的因素。很多学生在接触某些专业的时候成绩不理想并不是因为他们对这个专业没有兴趣或缺乏相关的天分，而是因为不习惯老师的教法。因此在翻译教学中，要注意翻译教师的队伍建设，全面调动教师的主动性与积极性，为他们的教学、科研工作提供良好的条件，建设好教师干事业、出成果所需要的工作环境，进而实现师资队伍水平的整体提升。

二、英语翻译教学中的学生

（一）学生的动机

动机是激发、引导和维持行动的内部过程。动机使人们开始行动，维持行动，并决定着人们行动的方向。动机是影响一个人做某事愿望的因素，不同类型的动机对学习有不同的影响。英语学习动机表现为渴求英语学习的强烈愿望和求知欲。它是直接推动英语学习的一种内部动因，是学生在英语学习活动中的一种自觉能动性的心理状态。动机是英语教育工作者所关心的问题之一，英语教育工作者把动机问题列入教育学生所面临的重要问题之一。

（二）学生的非智力因素和多元智力教学法

1. 重视非智力因素的差别

大量实证研究结果表明，智力与阅读、语言解析、写作和词汇学习有较大的关系，但对口语交流技能的影响要小得多。由此看来，在班级授课的第二语言学习中，尤其是在正式课堂中，智力似乎是一个有很大影响的因素，如果不是正式课堂教学，那么智力可能就只起到次要作用，非智力因素起主要作用。因此，英语教师在教学过程中要注意学生智力的差别，对不同的学生所寄予的希望和提出的要求以及所分配的任务不能统一，但教师在对待学生英语口语的要求上要尽力统一，因为学生口语的好坏与学生的智力水平高低关系不大，不能用智力水平的标准去衡量学生的口语能力。

2. 多元智力教学法

多元智力教学法以学生的哲学观为基础，其特点是在教育中必须认识到人类智能的重要性。传统的智商测试发现智能是单一的、不变的和先天的。多元智力教学法则建立在 Gardner 的观点之上，认为大脑既有智能的又有其他同等重要的类型，且所有人都具有这些智能。多元智力教学法从教学的视角强调在教学中要重视学生和其需要的差异，并认为教师一旦认识到了这一点并在教学中重视的时候，教育就成功了。

第五节　英语翻译教学的发展趋势

一、英语翻译教学与社会

生态哲学的发展使得“生态”这一概念不再拘泥于自然生态，而是延展到社会生态以及人与人之间的关系等。从社会生态角度讲，本科阶段的翻译教学内容要适应社会的发展，翻译学习者本身的翻译职业规划以及翻译教师自身的职业发展均应适应社会的发展。

二、英语翻译教学中的自身发展

（一）翻译教师自身的发展

教师的责任在于传道、授业、解惑，并不仅仅在于向学习者灌输知识。教师的心态、职业素质等对学习者会产生深刻的影响。所以，教师应该注重自己的自身发展。在倡导生态观念的今天，教师更应该思考如何才能实现真正的自我发展，如树立正确的人生观和价值观，培养“海纳百川”的胸怀，发展个人的兴趣，跟上时代的发展，注重与同行及同事之间的关系，建立良好的师生关系，不断提高自己的业务水平等。对翻译教师而言，其自身发展既要借鉴所有教师自身发展的方法，又要注重与自己专业相关联的特殊手段。

（二）学习者自身的发展

1. 学习者应该学会建立良好的同伴关系

随着社会的发展和技术的进步，个体越来越与周围的人发生联系。人生活在团体之中，因此学习者应该学会与自己的同学进行友好相处，学会与同学合作，培养团队意识和合作精神。

2. 学习者要学会与自己的翻译老师和谐相处

本科阶段的翻译老师有的年龄比较大，有的比较年轻，无论对待哪一年龄段的老师，学习者首先都要对其表现出一定的尊重。“尊师”是中国人一贯的传统美德。学习者对老师的尊重首先表现在课堂上与教师教学的配合，如认真听课，积极参加讨论问题，善于把握老师总结的翻译技巧的要点。教师要爱护和理解学生，学习者也应该力图为建立良好的师生关系做出贡献，不能一味地让老师迁就自己，也不能一味地迁就老师，当老师讲授不当或自己就某一部分的译文有自己的看法时，应该大胆地指出来，从而在课堂上形成良好的教学氛围和民主氛围。学习者在课下遇到老师时也应该表现出对老师的尊重。在评估老师时，不要带着个人恩怨，不能意气用事，应该客观地对教师的教学工作做出评价。

3. 本科阶段的学习者要根据自己所学做好职业规划

当今社会竞争激烈，如果想以翻译作为自己的职业，就应该更好地提高自己的语言水平和翻译水平，积极主动地完成教师布置的各项翻译作业，认真投入关于翻译的课堂和课下讨论。如果翻译学习者准备专门从事某一领域的翻译工作，就需要在掌握一般翻译技巧的同时多看一些该领域的书，丰富自己在该领域的知识，除完成教师布置的翻译任务外，还应主动找些相关领域的翻译实践来做，从而为以后的专业翻译打下良好的基础。总之，“冰冻三尺，非一日之寒”，学习者要想在竞争激烈的市场上找到自己的职业位置，就应尽早规划自己的未来，有的放矢地做好各种准备。

总而言之，翻译教学是一项伟大的事业，我们要协调好各方面的关系，只有这样，翻译教学实践和翻译教学研究才会取得更大的成绩!

第三章　英语翻译的内容与方法

在翻译教学的实践过程中，教学内容和教学方法是相辅相成的，有效的教学方法能将教学内容高效率地传输给学生，教学方法在实施的过程中还能反作用于教学内容，使其丰满而具备实用性，为之后学生的相关实践奠定基础。下面，我们就翻译教学的内容与方法进行详细的阐述。

第一节　英语翻译中的词汇翻译

翻译技巧无外乎从感性认识入手，向理性认识发展，再到准确、完整地表达原文的思想，以求达到一种质的飞跃。犹如绘画艺术，从粗线条的勾画开始，侧重于形状结构，到按比例地局部透视，着重于塑造形象，再到从整体考虑去完美地展现人物性格特征。实际上每一次翻译过程都在不知不觉地运用翻译的一些基本技巧。这些基本技巧决定了翻译的质量。翻译过程要清楚突出什么，抑制什么，方能细腻地、多层次地反映原作品的精神风貌。

一、英汉词汇比较

英汉两种语言，是在不同的历史和社会条件下发展起来的，所以两者之间存在着很大的差异，体现在词汇及其意义方面的差异是非常明显的。如在词汇的构成及其形态变化、词汇的功能、词汇顺序、词义的对应性等方面都存在着巨大的差异。研究这些差异对两种语言的转换具有非常重要的意义。

（一）英汉文字的形成

世界上的文字体系大致可以分为两类：一类是表音文字，另一类是表意文字。汉字属于后者。表音文字是用数目不多的符号（通称为字母），表示一种语言里有限的音位或音节。一般来说，在表音文字体系中，一定的字母表示一定的音。也就是说，由字母所形成的文字与它的发音存在着较为直接的对应关系。但是，汉字不是直接表示音位或音节的字母，它的构造单位是笔画和偏旁。笔画是构成汉字的最小单位，汉字的偏旁由笔画构成。偏旁主要用于构成合体字。偏旁又可以分为形旁和声旁：前者具有表意的功用，后者具有表声的功用。

汉字是以象形、象意为基础的形声结合的表意体系的文字。从字形上看，汉字是由点、横、竖、撇、捺五种基本笔形及其变体，通过上下、左右或内外组合方式构成的。根据古代典籍记载，汉语造字方式主要是“象形”“指事”“会意”“形声”。

“象形字”是有关自然现象或物的原始图形文字，实际是一种形象符号，如“日”“月”“水”“雨”“田”等。“指事字”是以代表某种意思的抽象符号或者在形象符号中加上一个指示性符号构成的。例如，在弧线上加一短横表示“上”，用三根并列的横线表示“三”。“指事字”和“象形字”都是独体字，都是汉字偏旁的主要来源。“会意字”是由两个指事符号构成的汉字。如把“手”放在“目”上表示“看”，“土”上有两个“人”表示“坐”。还可以用两个或几个字组成一个字，把这几个字的意义合成新字的意义，如“林、森、炎、焱”等。“形声字”是由一个表意的偏旁和一个表音的偏旁组成的汉字，如“挑”“跳”“拧”“柠”等。“象形”“指事”“会意”“形声”四种造字法之间存在着紧密的联系，不管是用哪种方法造出来的字，表意功能都是第一位的，表音功能居次位，所以，对于汉语本族人来说，往往可以由字形分析获得该字的意义。

从语法的角度上看，大多数情况下，一个汉字代表一个语素。语素是词的构成单位。一个词只包含一个语素的叫单纯词，如“东”“西”等；包含两个或多个语素的叫合成词，如“东西”“电视机”等。现代汉语的基础是古代汉语。在古代汉语中，单音节词占优势。到了现代，汉语双音节和多音节词占有一定地位，但是，一旦有机会人们还是习惯于使用单音节词，现代汉语中大量离合词的存在就是证据，如“提醒”常被说成“提个醒”。一些多字单纯词可拆开使用，如“幽默”是“humour”的音译，其内部结构不可分开，然而，在现实的语言生活中，可有“幽了他一默”的说法。可见，由一字表示的单纯词的使用，在汉语文化中是根深蒂固的。

在当今世界各民族使用的文字中，汉字的历史悠久，从商代的甲骨文开始计算，至今有约三千五百年的历史。在漫长的发展演变过程中，汉字的数量不断增加，形成了庞大的体系。

英语属于印欧语系的西日耳曼语支，其中 26 个字母是构词的基本单位，利用词缀还可以派生出许多新词，这是英语重要的构词手段，加前缀可以改变词义，加后缀可以改变词性。利用合成法、转换法也可以构成许多新词。英文字母在相互组合成词之前都是纯粹的表音符号，但在组合成词之后其词形和词义就联系在一起了。

总之，英汉两种文字都是根据约定俗成的原则来确定字形、词形与其所表示的意义之间的关系的。

（二）英汉词序的差异

英汉两种语言在词语顺序方面也有差异，这主要是由叙事的习惯决定的。在英语中，物主代词往往置于所代表的名词前，人称代词也常出现在主句前面的从句中。然而，在汉语中，总是先出现名词，后出现代词。如：“His sympathy for the Chinese revolution and his friendship for the Chinese people gained Edgar Snow many enemies.”按照汉语的叙事习惯，这句话的意思就是：“埃德加·斯诺对中国革命的同情和对中国人民的友谊使很多人对他产生敌视态度。”有时，词序的变化是由英汉不同的句子结构决定的。

（三）英汉词义的差异

英语词义灵活多变，词义的扩大、缩小、转褒、转贬、转为具体或转为抽象等情况随处可见。如“dog”一词的词义就在扩大。在古英语里“dog”指的是“猎狗”，在中古英语中泛指各种犬类，如今，其语义已经扩大到20余种。而“girl”一词的词义在中古英语中相当于“child”，不分性别，现在专指“女孩”或“未婚女青年”。

人类对宇宙的认识经历了漫长的由客观到主观、由感性到理性、由具体到抽象的认知过程。在这个过程中，具象先于抽象，也就是说，表示物质对象的具体名词首先被人们认识、熟悉，并从中提取共同的、本质的属性，形成抽象的概念。如“king”这个词的具体语义是“国王”，抽象语义是“主宰”“统治”；“muscle”的具体语义是“肌肉”，抽象语义是“体力”“力气”。

还有一些词的转化刚好相反，是从抽象到具象转化的。从数目上看，这类词比从具象向抽象转化的词要少，但这类词在英语中也是俯拾皆是。如“beauty”的抽象语义是“美丽”，具象语义是“美人”；“acquaintance”的抽象语义是“相识”，具象语义是“熟人”。

相比之下，汉语词义则比较严谨，词的含义范围比较窄，比较固定，词义的引申性和对上下文的依赖性比较小，独立性比较大。这其中的原因就是汉语方块字可以因形析义，常用本义。

词义的不完全对应情况指的是某语言中的一词在另一种语言中有几个同义词，这几个同义词所表示的意思虽然基本相同，但是用于不同的情况。如汉语“津贴”一词，在英语里可用“allowance”和“subsidy”表示，两者所指不同：前者指“个人津贴”，后者指“政府对某一行业给予的补贴”。

不对应的情况是指一种语言中的某个词汇单位在另一种语言

的词汇里没有对应物，如专有名词和特指事物等。随着社会的发展，词汇的意思不断发生变化和转移，原有的对应关系常常被打破，新义旧义产生脱节的现象屡见不鲜。有时，词义演变成相近或相通的，有时处于矛盾或相反的关系之中，在这种情况下，稍不留神，就可能出错。如“He learned me how to play chess”是说“他教我下棋”，而不是“他跟我学下棋”。

有些词汇在英汉两种语言里看似对应，实则不然。如“从上海到北京的飞机每天一班”，这句话如果说成“There was a daily shift from Shanghai to Beijing”就错了，因为“shift”是指工人干活分的早、中、晚班，而飞机的航班是“flight”，轮船的航班是“voyage”。

英语中有一部分词的词义成分是隐含的，汉语里找不到表达同样概念的专用词，所以只好采取描绘手法。如“The soldiers showed that they had plenty of grit”，“grit”指的是“quality of courage and endurance”，用汉语说，整句话就是“那些士兵表现得很勇敢，很能吃苦耐劳”。

表示同一概念，实说的时候，英语用特指词，意义明确、具体，显得正规、慎重；虚说的时候，用泛指词，即用一个跟特指词近义或同义的词语作替代词，意义概括、笼统，显得比较通俗、随便。这些现象在汉语中很难发现。

在汉语和英语中都有许多固定词组，其字面意义和实际意义很不相同。字面意义一开始尽可能被淡化，但有时也需要用它来掩饰后者，以达到某种特定的表达效果。如果把字面意义看作“指称意义”，那么实际意义就应该是“附加意义”了。其实，这两种意义经常只有显性与隐性之别，因为它们总是共同存在的，如果鲜为人知或者不重要，人们有可能误解其实际意义，同时忽略其字面意义。这一类短语在两种语言的对译中容易发生语义错位。例如，“老王卖瓜”不是“old Wang sells melons”，而是“自己吹嘘自己的东西好”。

二、词义的选择、引申和褒贬

（一）词义的选择

在翻译过程中，首先碰到的问题是词义。英语中一词多义，汉语中一字多义，这是常见的语言现象。英国伦敦语言学派创始人弗思指出“Each word when used in a new context is a new word”，就充分体现了英语词汇的灵活性。因此，正确选择词义就成为翻译过程中极其重要的一步。

（二）词义的引申

所谓词义的引申，指的是在一个词所具有的基本词义的基础上，加以发展变化。可选择比较恰当的另一个汉语词来表达，使原文的思想表现得更加准确，译文更加流畅。词义引申主要有词义转译、词义抽象化、词义具体化等。

1. 词义转译

有些词照着词典翻译，会显得晦涩、含混，甚至造成误解。这时可根据上下文逻辑关系进行转译。

2. 词义抽象化

英语中常常用一个表示具体形象的词来表示一种属性、一个事物或一种概念，翻译这类词时，一般可将其词义做抽象化的引申，译文才能流畅、自然。

3. 词义具体化

英语中许多词的意义比较笼统、抽象，根据汉语表达习惯，可引申为意义明确、具体的词。这样，译文表达清晰、流畅，形象生动。

（三）词义的褒贬

为了忠实于原文，仅查看词典是不够的，译者还必须正确理解原文背景，了解其思想内容及政治观点等，然后选用适当的语言手段来加以表达。原文中有些词本身就含有褒义和贬义，译者在翻译时要相应地将其表达出来。有些词孤立起来看是中性的，放在上下文中揣摩则可增添其褒贬色彩，译者在翻译时应恰如其分地将其表达出来。

英语中有些词不具有褒贬色彩，但根据语言表达的需要，翻译时要译出褒义或贬义，以达到忠实原文的目的。

第二节　英语翻译中的句子翻译

英语文体各异，句型复杂，长句的出现频率高，逻辑性强，给译者增添了许多困难。然而，英语语言具有“形合”的特点，无论多长、多复杂的结构，都是由一些基本的成分组成的。译者首先要找出句子的主干结构，弄清楚句子的主语、谓语和宾语，然后再分析从句的功能，分析当中是否有固定搭配、插入语等成分。最后按照汉语的特点和表达方式组织翻译，这样就能保证对句子的正确理解。

一、英汉句子结构比较

英汉两种语言分属两个不同的语系：前者属于印欧语系，后者属于汉藏语系，因此，两者在句子结构上存在着很大的差异。对比两者的异同，找出其中的差异及转换的规律，是一项大有可为的研究。

英汉两种语言在句法结构上存在很多不同之处，但限于篇幅，下面侧重研究两种主要的结构：形合与意合结构、被动结构。

（一）形合与意合结构

英汉两种语言之间存在着很大的差异。但就句子结构来说，一般认为英语较为严谨，汉语较为简明。这是因为英语注重语言形式上的接应，其句子的组成大多采用“形合法”；汉语注重行文意义上的连贯，其句子组成大多采用“意合法”。但英语和汉语都有自己的“形合句”和“意合句”。研究形合与意合，对提高英汉两种语言之间的互译质量有着不可忽视的作用。

所谓“形合”，就是借助语言形式手段来实现词语或句子之间的连接，也就是在句子的各个成分（包括词、词组、短句）之间使用相应的连接词或关联词语，以表示其相互之间的关系。如“The gate was opened, and the audience came crowding in”中的“and”，“I will go to find him after a while”中的“after”，“It looks like a storm, so let’s gather up our things and go home”中的“so”，等等。“虽然我使尽全力，但是仍然搬不动这块石头”中的“虽然……但是”，“即使你去了那里，也不会有什么结果”中的“即使”，“假如我是你的话，我就不会这样做”中的“假如”，等等。这些关联词语把句子之间或句子中各成分之间的关系表示得一清二楚。这样的句子就叫形合句。

形合句的主要特点是措辞严谨、语义明朗，它可以使语言内部的逻辑关系更清楚，可以使言语之间的强调意味更明确。在英语中，那些属于句子或句子以下层面的比较短小的句式多为形合句。这是因为英语较为稳定而多样的形式手段控制着语言要素之间的关系。汉语的情况则相反。汉语在较长的语言片段或句式中多使用形合句，而在科技文中，不使用相应的关联词语，即不用形合句，往往很难达到一定的效果。

所谓“意合”，是指在句子结构中不借助形式手段（即关联词语等），而借助词语本身或句子所含的逻辑关系来实现句子之间或句子中各成分之间的连接，句子之间或句子中各成分之间的关系往往以语序的先后来表示。意合句有着自己的一套句法联系手段，如采用词语顺序、词汇接应、结构平行、形式重叠以及重复、推理等。

如汉语中的“别说了！现在说啥都没用！”“给我我也不要”“巧妇难为无米之炊”“知彼知己，百战不殆；不知彼而知己，一胜一负；不知彼亦不知己，每战必殆”，英语中的“The earlier, the better”“The more you give, the more you will get”，等等。这些句子根本就不需要“不管”“即使”“假如”或“if”之类的连接词语，因为句中隐含的逻辑关系已经说明了这层意思。可以说，意合句都比较精练。

（二）被动结构

在英汉句子结构比较中，除了形合与意合结构之外，还有一点需要我们在这里进行具体论述，即被动结构。

英汉两种语言都有主动句和被动句。主动和被动是表示主语和谓语之间不同关系的形式和手段。有一点需要强调，即在两种语言中，即使是同一语法术语，也有可能代表的是不同的内容。英语中的被动句是指具有被动语法意义的动词短语作谓语的句子，即谓语中含有助动词 be+及物动词的过去分词，这是被动语态的标记。而汉语中的动词没有这种标记，所以，其动词没有语态之分，凡是主语为施动者的句子就是主动句，反之，以主语为受动者的句子就是被动句。这里主要从英汉互译的角度分析两种语言中被动结构的异同。

（1）相同之处。当施动者不明或不必说出的时候，两种语言都用被动句表示。

当强调被动动作或受动者时，两种语言都用被动句表示。但由于汉语的动词无词形变化，只能用某些词语来突出被动意义（有时不用），其中最常见的除了“被”字以外，还有“遭”“受”“为”“挨”“让”“给”等。

（2）不同之处。英汉两种语言分属不同的语系，它们自身在构句方面的客观事实就是“异大于同”，其被动句的不同之处在两种语言中就要注意，所以，要把重点放在不同之处。

英语的被动句有形态标记，汉语则没有。所谓形态指动词的“态”，即时态、语态。英语动词有时态和语态的变化，时态表示动作发生的时间，是属于时间概念的，这里不作详论；而语态是表示施动与受动概念的，分为主动语态和被动语态两种。汉语动词从时态上看，没有十分固定的表现形式。

二、被动语态翻译

（一）转换成主动语态

在有些情况下，可变换语态，将原来的被动语态转换成主动语态，使译文明确。

The special challenge that advertising presents can be illustrate by a statement made by the president of a major advertising agency in New York.

译文：纽约一家大型广告公司的总裁所做的陈述，可以阐述当前广告业所面临的特殊困难。

原文中被动语态译为主动结构，原文中的主语在译文中作宾语。

（二）保留被动语态

在被动语态翻译中，除了转换成主动语态之外，我们在下面需要讨论保留被动语态。

在进行英译汉时，语态不变，仍然保持原来的被动语态，但译者常常需要在主谓语之间加上一些汉语中表示被动的介词，如“被……”“给……”“受……”“止……”“为……所……”“遭……”等。

Although Americans today are likely to think that Alger’s stories are too good to be true, they continue to be inspired by the idea of earning wealth and success as an entrepreneur who makes if on his own.

译文：尽管今天美国人有可能认为阿尔杰的故事好得令人难以置信，但是他们依然为那种自力更生赢得财富和成功的企业家精神所鼓舞。

句中的“they continue to be inspired by the idea of earning wealth and success as an entrepreneur who makes if on his own”采用的是被动语态，在翻译成汉语时，可以保持原来的语态，只要在主谓语之间加上汉语中表示被动的介词“为……所……”就可以了。

（三）译成无主句

在被动语态翻译中，除了前文中提到的两点以外，还有一点需要我们在这里进行论述，即翻译成无主句。

Your early confirmation would be greatly appreciated.

译文：万分感谢您能早日给予确认。

其实，我们不难看出，该例句是被动语态，而且句中不存在施动者，所以译者在翻译的过程中，可译成汉语的无主句。

三、定语从句的翻译

在了解英汉两种语言差异的基础上，下面来介绍商务英语中几种定语从句的翻译方法。

（一）前置法

在商务英语翻译实践中，人们发现前置法往往适用于简单限定性定语从句的翻译以及具有描述性的非限制性定语从句。

前置法即在英译汉时把定语从句放到所修饰的先行词前面，可以用“的”来连接。既然定语从句的意义是作定语修饰语，那么在翻译的时候，通常把较短的定语从句译成带“的”的前置定语，放在定语从句的先行词前面。

The role of selling in our society is to identify and provide the goods and services that will satisfy the needs and wants of the consumers.

译文：销售在社会中的作用就是识别并提供那些能够满足消费者需求的商品和服务。

在这句话中，限制性定语从句“that will satisfy the needs and wants of the consumers”用来修饰其名词中心词“goods and services”。由于这是一个不长的定语从句，为了符合汉语的表达习惯，翻译过程中应将其前置于先行词之前。

（二）后置法

后置法即在英译汉时把定语从句放在所修饰的先行词后面，翻译为并列分句。

我们或多或少地了解到，英语的定语从句结构较为复杂，如果译成汉语时把它放在其修饰的先行词前面，那么将无法明确地表达句义。这时，可以把定语从句放在先行词后面，译成并列分句，重复或省略关系代词所代表的含义，有时还可以完全脱离主句而独立成句。

The strong influence of the success stories of the early entrepreneurs on the masses of Americans can be found in the great popularity of the novels of Alger, which were published in late nineteenth and early twentieth century America.

译文：阿尔杰的小说大受欢迎，我们可以从中发现早期企业家的成功故事对美国大众所产生的强烈影响。这些小说于19世纪末20世纪初发行与美国。

在该句中，非限制性定语从句“which were published in late nineteenth and early twentieth century America”修饰中心词“the novels of Alger”。译文采用后置法，将定语从句和主句拆开来译。

定语从句重复先行词，并独立成句。

（三）融合法

融合法即把主句和定语从句融合成一个简单句，其中的定语从句译成单句中的谓语部分。

限制性定语从句与主句息息相关，正因为如此，在翻译限制性定语从句时，译者往往采用融合法。

Most of the staff, who have hand signals spelling “welcome” printed on the backs of their T-shirts, used to spend their days shut off from the public in special workshops for the handicapped, making things like jewellery or packaging.

译文：（咖啡屋）大多数工作人员在 T 恤衫后背上印有表示“欢迎”的手势。他们过去过着与众隔绝的日子，在为残疾人开设的特殊车间里生产珠宝之类的东西或负责包装。

译文将主句的主语与非限制性定语从句融合在一起，重新组合成句。

第三节　英语翻译中的语篇翻译

句子是语法分析的理想单位，但在运用语言进行实际交往中，语言的基本单位则是语篇。语篇是由句子组成的，它是人们运用语言符号进行交往的意义单位，故可长可短。一部长篇小说是一个语篇，一个句子或短语甚至一个词也能构成语篇。因此，译者一定要把握好对语篇的翻译。

一、语篇概述

“语篇”这个术语在不同学者的著述中具有不同的含义。语篇可以以对话形式出现，也可以以独自形式出现；可以是众人随意交谈，也可以是挖空心思的诗作或精心布局的小说或故事。但是，需要注意的是，语篇并不一定就是一大段话，只要是表达了一个完整的意思，那么一个词语也可以称为语篇。例如，溺水者高呼一声："Help!"这样简单的一个词可构成完整的语篇；公共场所的告示"No smoking"，虽然是一个短语，但它是一个完整的语义单位，有其交际目的和功能，也应看作是完整的语篇。实际上，语篇具有一定的标准，主要表现在 7 个方面，具体如下：

（1）衔接性。

（2）连贯性。

（3）意向性。

（4）可接受性。

（5）语境性。

（6）信息性。

（7）语篇参照性（互文性）。

在英文中，许多词汇都有多个含义，如果译者不考虑语境而随便找其中一个含义进行翻译，那么将会产生歧义并误导读者，使其无法理解原文的意思。

二、语篇分析在翻译中的运用

语篇分析是美国语言学家哈里斯于 1952 年首先提出来的一个术语，后来被广泛运用于社会语言学、语言哲学、语用学、符号学、语篇语言学等领域。自从翻译界将"语篇分析"这个语言学研究的成果嫁接到翻译学科，翻译界对"上下文"的认识有了一个飞跃，从感性上升到理性。掌握了"语篇分析"理论，译者就能在跋涉译林时，既看到树木，又看到整片森林；就能将原文的词、句、段置于语篇的整体中去理解、去翻译。这样，译文的整体质量就有了很大的提高。

语篇分析的基本内容包括衔接手段、影响语篇连贯的因素，其中对译者而言，最为重要的是衔接与连贯。

句子和句群不是杂乱无章地堆砌在一起构成段落与篇章的，相反，它们总是依照话题之间的连贯性和话题展开的可能性有规律地从一个话题过渡到另一个话题。篇章的存在要求其外在形式和内在逻辑相统一，即衔接和连贯具有一致性。作为语言实体，段落与篇章在语义上必须是连贯的，而连贯性在很大程度上需要靠语内衔接来实现。总之，连贯是首要的，衔接要为连贯服务。

（一）语篇的衔接

所谓语篇衔接，就是使用一定的语言手段，使一段话中各部分在语法或词汇方面有联系，使句与句之间在词汇和句法上联系起来。

The human brain weighs three pounds, but in that three pounds are ten billion neurons and a hundred billion smaller cells. These many billions of cells are interconnected in a vastly complicated network that we can't begin to unravel yet…Computer switches and components number in the thousands rather than in the billions.

译文：人脑只有三磅重，但就在这三磅物质中包含着一百亿个神经细胞，以及一千亿个更小的细胞。这上百亿、上千亿的细胞相互联系，形成一个无比复杂的网络，人类迄今还无法解开其中的奥秘……电脑的转换器和元件只是成千上万，而不是上百亿、上千亿。

在上例中，“billion”一词重复出现了四次：ten billion neurons，a hundred billion smaller cells，these many billions of cells，in the billions。很显然，前两次所说的是不同的两种细胞，而第三次是对前两次所说的两种细胞的总称，第四次是指那两种细胞的数量。因此，在翻译时要对“billion”一词加以注意，应将英语的数目概念改成汉语的数目概念，照顾语篇的连贯，不要把“these many billions”译成“这许多十亿”，不要把“in the billions”译成“数以十亿计”，这样会切断语篇的连贯性，使得读者无法理解其中的含义。句组中的各个句子之间、句组与句组之间，需用不同的衔接手段来体现语篇结构上的黏着性和意义上的连贯性。语篇的衔接手段可分为词汇手段、语法手段两大类。

1. 词汇手段

在语篇的衔接中，词汇手段应用得十分广泛。在这里需要强调的是，同现关系与复现关系是英语词汇衔接关系的主要组成部分。此外，运用逻辑连接法也可实现语篇的连贯。

（1）词语之间的同现关系。同现关系指的是词语在语篇中同时出现的倾向性或可能性。一些属于同一个“词汇套”或同一个“词汇链”的词常常一起出现在语篇中，衔接上下文。例如“thirsty”一词常会使人们联想到 drink，water，soda water，mineral water，tea，coffee，coke，beer 等词，这些词可能会在语篇中同时与“thirsty”一词出现。除了这种词之外，反义词也常可用来构成词语之间的同现关系。反义词的两极之间可以存在表示不同程度或性质的词语，如在“hot”和“cold”之间尚有 warm，tepid，lukewarm，cool 等词。

（2）词语之间的复现关系。韩礼德和哈桑认为复现关系主要是通过反复使用关键词、同义词、近义词、上义词、下义词、概括等手段体现的。词语的不同复现手段往往能显示不同的文体或风格特征。

（3）运用逻辑连接语。逻辑连接语指的是表示各种逻辑意义的词、短语或分句，包括以下几种：

①表示句子之间（含句组之间）的时间关系的逻辑连接语，如 first，next，then，previously，formerly，soon，finally，meanwhile，to begin with，up to now 等。

②表示句子之间的因果和推论关系的逻辑连接语，如 consequently，so，otherwise，then，hence，because，as a result，for this reason，in that case 等。

③表示附加关系的逻辑连接语，如 by the way，in other words，for instance，likewise，similarly，and，or 等。

④表示句子中间的转折和对比关系的逻辑连接语，如 however，but，yet，in fact，on the contrary 等。

⑤表示位置、方向和地点等意义的逻辑连接语，如 over，here，there，under，above，down，up，further，beyond，beneath，adjacent to，close to，near to，next to，in front of，on top of 等。

2. 语法手段

句子或句组之间的衔接可以通过语法手段予以实现。其中较为常见的语法手段有以下几种：

（1）动词的时、体变化。动词的时和体可以在句子中起到衔接的作用。

（2）照应手段。照应关系可分为两种类型：语内照应和语外照应。语内照应又可分为两种情况：一种是“上指”，即用一个词或词组替代上文中提到的另一个词或词组。另一种情况是“下指”，即用一个词或短语来指下文中即将出现的另一个词、短语乃至句子。语外照应是指在语篇中找不到所指对象的照应关系。

（3）替代。替代是一种既可以避免重复又能连接上下文的手段，指的是用特定的形式来取代上文中的某一成分。替代是一种语法关系，与照应表达对等关系不同，它表达的是一种同类关系。与英语相比，汉语中替代手段使用的频率较低，汉语往往使用原词复现的方式来达到语篇的衔接与连贯。英语可以用代词 so，do，do the same 等替代形式来替代与上文重复的成分，形成衔接，但是汉语没有类似的替代形式，通常需要用词义重复来连接。因此，译者在翻译时应注意英语、汉语的不同表达习惯。

（4）省略。省略指的是把语言结构中的某个成分省去不提。句中的省略成分通常都可以从语境中找到，这样句与句之间就形成了连接关系。同替代一样，省略的使用也是为了避免重复，突出主要信息，衔接上下文。作为一种修辞方式，它符合语言使用的经济原则。实际上，与汉语相比，英语的省略现象很多，因为英语的省略多数伴随着形态或形式上的标记，不容易引起歧义。

（5）连接。连接是表示各种逻辑意义的连接手段，连接词又称“逻辑联系语”。连接词可以是连词、副词、介词、短语、分句等。连接词表明了句子之间的语义关系，甚至通过前句从逻辑上预见后句的语义。

语篇中的连接成分是具有明确含义的词语。人们可以通过这种词语来对句子之间的语义联系进行了解，而且能够推测出后续句的语义。按照功能，可将英语的连接词划分为以下四类：

第一，添加、递进，如 and，furthermore，in addition 等。

第二，转折，如 but，however，conversely 等。

第三，因果连接，如 because，so，consequently 等。

第四，时序性连接词语，如 first，then，in the end 等。

实际上，英语与汉语的连接词有许多共同之处，主要体现在以下两个方面：

第一，功能相同，它们在语篇中衔接句子与句子或者衔接段落与段落时，能够明白无误地表达句子之间或段落之间的语义联系和逻辑关系。

第二，无论是英语还是汉语，在大多数情况下，连接词都出现在句首的位置，它们就像纽带一样，将前句与后句或前段文字与后段文字紧密地连接起来。

（6）排比结构。排比结构整齐匀称，意义连贯，能使语义产生和谐的均衡美。它既是一种修辞手法，又是语篇的一种衔接手段。

衔接是通过词汇或语法手段来实现的，所以学者们认为它是语篇的“有形网络”。英语是形合语言，注重表层语言结构成分的前后照应与衔接。而汉语是意合语言，注重句子成分之间的逻辑关系，在行文时多以意相连，省略和关联衔接频繁。总之，在英汉互译时，译者要通过正确理解联句成篇的衔接手段，更好地把握原文作者的完整逻辑思路，并在生成译文语篇时对原文的衔接方式进行必要的转换和变化，将句子与句子、段落与段落按照逻辑组织起来，构成一个完整或相对完整的语义单位。

（二）语篇的连贯

语篇既然是语义单位，那么能够称作“语篇”的语言实体必须在语义上是连贯的。语义连贯是构成话语的重要标志。衔接是通过词汇或语法手段使文脉贯通，而连贯是指以信息发出者和接受者双方共同了解的情景为基础，通过逻辑推理来达到语义的连贯。译者只有理解看似相互独立、实为相互照应的句内、句间或段间的关系并加以充分表达，才能传达原作的题旨和功能。

语篇中句子的排列如果违反逻辑，就会对句与句之间语义的连贯产生影响。有时候，说话的前提以及发话者、受话者之间的共有知识也会影响到语义的连贯。诗篇的连贯性主要取决于读者的联想和想象。

第四节　英语翻译方法论

翻译工作甚至是翻译教学可以说已经有了非常久远的历史，但相关的教学方法相对落后，虽然近年来进行了一定的教学改革，但与先进国家相比，我们在翻译教学方法方面还是有一定差距的。这里我们就对国际一些先进的教学方法进行阐述。

一、翻转课堂

翻转课堂模式在大学英语翻译教学中的应用颠覆了传统的教师和学生在课堂中的地位，增加了学生之间以及教师和学生的互动，促进了师生之间的交流，具有很强的现实意义。在这种教学模式下，课前知识的讲授能够有效地解决课堂教学时限的问题，从而拓展教学时间，同时能够让学生有充足的思考时间。课堂上的探究合作式的学习模式能有效地提高学生的沟通、表达能力，也有利于其思辨思维的培养。课后知识的巩固与拓展也可以帮助学生及时消化课堂教学内容，为下一阶段的学习做好准备。翻转课堂模式在大学英语翻译教学中的应用是一种有意义的尝试和探索。这种教学模式改变了英语翻译课传统的授课方式，对教师和学生的角色进行了翻转，促进了师生之间的交流，从而使学生学习的积极性、主动性、创造性和独立性得到了更好地发挥，培养了学生自主学习的能力。除此之外，这种翻转课堂的模式也提高了英语翻译教学的质量，有效地提升了学生的实际翻译能力，使学生能够满足未来工作的需求。

二、翻译课程互动教学模式

通过分析近年的统计数据，我们不难发现，我国高校英语翻译教学的教师虽然在年龄上有长有幼，但对于从事翻译教学的老师来说，他们对新事物的接受程度还是很高的。由此可知，新型教学模式比较容易应用于高效英语教学之中，因为英语教师对于新事物容易接受，且高校教师的整体学历水平比较高，对计算机信息技术的运用比较娴熟。另外，大学生比中小学生更具备自主学习能力，且其计算机信息技术已经基本掌握。所以，在高校英语教学中实行翻转课堂，具有很高的可行性。

在翻转课堂的教学研究上，许多学者投入了大量精力，并取得了一系列成果。图 3-1 所示的是适合大学生的英语教学模型。

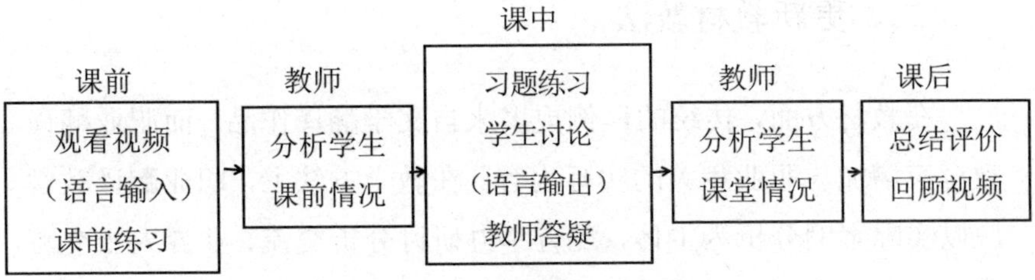

图 3-1　翻转课堂教学模型

第五节　英语翻译中的译者素养

全球化时代中文化的交流空前繁荣，站在翻译职业的角度来说，翻译的职业化程度逐步彰显，水平不断提高，对翻译行业的标准化、规范化和制度化以及翻译人员的素质方面提出了新的挑战。尤其是对翻译人员的职业道德、职业能力和职业素质方面，需要制定职业标准和职业规则，因此职业翻译教育的重要性日益得到重视。

如何培养译者综合素养，可以从以下几个方面着手。

一、调整教学理念

国务院学位委员会颁布的《翻译硕士学位设置方案》中提到：翻译硕士专业学位的培养目标是具有专业口笔译能力的高级翻译人才，翻译硕士专业学位获得者应具有较强的语言运用能力、熟练的翻译技能和宽广的知识面，能够胜任不同专业领域所需的高级翻译工作。这为职业翻译教育教学理念的形成奠定了基础。和学术型的翻译教学理念不同，职业翻译教学更加强调翻译行业的需求和对职业翻译者的素质培养。因此，职业翻译教育的教学理念转向以培养合格的职业翻译者的标准为目标，并以市场需求为行业向导的职业教育机制，同时重点关注职业翻译者从业素质的提高。

二、更新教材教法

在教材方面，传统的译例更多来自文学翻译作品，而职业翻译教育应增加与职业相关的实际内容。在教学方法上，职业翻译教学应以实际案例分析为主体，配合举办研讨分析交流、业界人士交流讲学、举办讲座等灵活创新的教法。

三、增加课程设置

在传统的翻译人才培养的课程设置基础上，增加细致的职业翻译课程分类设置，学生可以根据不同的个人职业翻译兴趣来选择学习方向和内容。

四、加强教学队伍建设

在职业翻译教育中，教师的专业技能显得尤为重要，它包括教师的教学效能和教师的专业情感投入。教师的教学效能影响学生的学习结果和能力。职业翻译教师应该首先具备所有翻译者的从业素养，并有丰富的职场经验和实践经验。因此，担任职业翻译教育的教师队伍可以由高校教师和职业从业人员共同组成。同时职业翻译教师应挚爱自己的职业，对翻译教学抱以极大的热情，并积极地投入教学工作。

五、吸收与借鉴

译者的综合素养教育是一项复杂而又艰巨的任务，不仅需要转变翻译教育观念，还要吸收和借鉴其他学科诸如教育学、心理学、管理学、社会学和认知学等基本原理，对职业翻译教育中译者综合素养的培养过程中出现的问题进行深入的精细化探讨，并从职业翻译的理论基础、翻译目标、操作程序以及效果评价几个方面进行实践考证，以期达到对职业翻译者综合素养提高产生积极的作用。

第六节　英语翻译教学中理论对实践的作用和体现

一、中西方传统翻译理论的影响

（一）中国传统翻译理论的影响

中国传统翻译理论是指不以西方“现代语言学”为方法论的翻译理论，可以分为“发生期”“发展期”“成熟期”“转型期”等。这四个时期分别见证了中国的几次翻译高潮，即东汉至宋朝的佛经翻译、明末清初的科技翻译、清末民初的西学翻译以及“五四”时期新闻学翻译。

中国传统翻译理论具有以下几个特点：

（1）中国传统译学“带有明显的封闭性”，缺少开放、综合和跨学科的系统性。

（2）中国传统译学缺少基本的理论体系。

（3）中国传统译学囿于传统美学的方法论，强调总体把握和模糊形象思维，缺少精确分析和严谨的科学论证。

“译论界常常陷入诠释性争论”，缺乏“对策性及理论应有的实践意义”。20 世纪 60 年代后，国内开始了大规模的西方当代语言学翻译理论的介绍与研究。此间，学界所关心的主要是翻译的技法以及英、汉双语在技术层面的比照。这种方式一度制约着翻译文本与翻译教学研究乃至翻译著作的述评，造成了翻译研究与批评在理性上的局限与偏颇。

（二）西方传统翻译理论的影响

西方目前的翻译理论阶段，特点是具有强烈的学科意识。

霍姆斯是“翻译研究派”的代表，他的著作《翻译学的名称和性质》着重探讨了翻译学学科的名称、性质、范围等内容，第一次勾勒出了翻译学的学科结构框架。

1981 年纽马克出版了《翻译问题探讨》，提出：“翻译既是科学，又是艺术”，并认为应当借助逻辑学、哲学、语言学制订翻译规则。

2000 年，美国学者韦努蒂编了一本《翻译学论著选读》。

以上都是 20 世纪末在译坛有影响的学者和著述。

上述西方翻译著作及翻译理论对中国译坛有不同程度的影响。1984 年，中国学者金堤与奈达在我国合作出版了《论翻译》，谭载喜出版了《奈达论翻译》。卡特福德 1991 年的《翻译的语言学理论》和奈达 1993 年的翻译理论著作《语言、文化与翻译》，都对我国的翻译与翻译教学产生了一定的影响。

二、图式理论

图式理论在翻译的理解和表达过程中起到了重要的指导作用，它反映了已存在的认知结构在处理外界信息时的主动性。翻译实践表明，译者的相关图式越丰富，对文本的解读能力越强，翻译出来的文本可接受度越大。因而，在翻译教学中，教师有必要激活学生已有的翻译相关图式，同时，应该帮助学生建立更多新的图式。认真研究图式理论的精髓，尤其是深入分析图式的功能、图式的激活，就会发现它们其实都具有双向互动和动态发展的属性特征，这正是语言翻译技能培养方面研究与实践的切入点。

（一）图式的功能

1. 选择功能

图式的选择功能包括信息的注意、编码和检索。注意是指信息加工能力的取向和集中；编码是对信息进行加工和存储；检索是从记忆中提取信息。这种选择功能与已有的专业认知图式相联系，可上升为计划功能，即在环境中有计划、有目的地寻找需要的信息。

2. 整合功能

整合的过程是人们提取存储于自己头脑中的内部信息，将其加到外部信息上，用内部信息处理外部信息的过程。在这一过程中，通过同化、顺应和平衡，实现认知发展。图式正是经过同化、顺应、平衡而逐步构成更高一级的形式。

3. 理解功能

对同一事物理解的角度随着认知图式的不同而不同，认知图式不同，对于相同信息理解的深度和广度也不同。一个完整的、正确的图式还可以帮助推测新的事实。

（二）认知图式在翻译过程中所起的作用

翻译属于一种语言之间的转换活动，也就是说，翻译是将一种语言用另一种语言进行表达的转换过程，这种过程从表面上看是一种语言活动，但从翻译的主体即译者的角度来说，翻译实质上是一种思维活动。这就是翻译的本质，是由思到言的过程。思即理解，即对源语文本的正确解码；言即表达，是在理解源语文本的基础上创造译语文本。随着认知语言学的兴起和发展，翻译研究也展开了新的思维领域。

从阅读的心理过程来看，翻译是一个解码和重新编码、理解和表达的过程。译者将源语言所包含的信息在记忆信息解码并重新编码为目标语言，而在这一过程中，图式理论起着重要的指导作用。因此，翻译实际上是原文作者、译者和译文读者三方交流互动的过程。要使交际成功，译者作为原文的读者首先应充分理解原文作者意欲表达的信息和意图，然后在译文中传递给译文读者。

无论是译者对原文的理解，还是译文读者对译文的理解，在理解过程中接受新信息时，都必须把新信息和文本上下文中提供的旧信息以及交际情景相结合，并在自己的认知语境中进行寻找并激活相关的图示，推导出作者意欲表达的意图和信息，从而形成对新信息的理解。

（三）图示理论对翻译教学的指导作用

图示理论既研究语言理解的本质，也研究语言理解失误或失败的根源，它对翻译教学内容、分析学生翻译问题等具有一定的指导作用。

1. 对教学内容设计的指导作用

图示理论的核心是图式激活，即译者的固有知识与输入的信息产生共鸣或交互作用。图式激活要求译者具备与所输入信息相匹配的知识以及有效激活固有知识的策略。由此可见，培养和丰富学生的各种图式，包括语言、修辞、篇章结构、文化与语用等知识，提高学生有效运用各种图式构建正确语篇意义的能力，应是翻译教学的重要内容。

好的译者往往善于处理两种语言表达的相互转换，因此，帮助学生提高这方面的能力同样是翻译教学的重要内容。此外，以翻译为目的的理解与以阅读为目的的理解有所不同，后者可以是全面的，也可以是对主旨或部分细节的理解，可以是深刻的理解，也可以是模糊的理解，而前者必须是全面的理解。因此，略读、跳读、猜测或忽略生词等可能是阅读教学的主要特点，而细读、反复推敲则是翻译教学的主要特点。

2. 对分析学生翻译失误的指导作用

学生的许多翻译错误是理解不当造成的，对于理解失误，我们通常可以根据图式理论找到不同的根源，如图式空缺、单向加工或策略不当等，也只有了解了错误的根源，才能做到治本。

第四章　英语翻译教学模式与评价机制

第一节　英语翻译教学模式的构建

总体来说，教学是一项精细的工作，不同的学科要有针对性地对课程进行设计与实施。

英语翻译教学自然也不例外。构建英语翻译教学模式要以翻译教学的特点为基础，将教学实践过程中的方方面面容纳进来，在构建英语教学模式的过程中要兼顾到教师和学生等层面，为翻译教学的顺利实施奠定基础。

通过合理的教学，让学生能将掌握到的知识融会贯通，形成完整的形象或抽象的图示，这就是这种教学模式的最终教学目的。

一、翻译教学整体构建模式

所谓的整体构建就是以整体为基础或者从整体出发，对翻译教学的模式进行相关构建，合理调整教学过程中的各个要素，并将其合理编排，最后编制成相对稳定的结构图，而这个模型图的主要作用就是对教学实践进行指导。

在这里，我们对模型图的具体构建方法不予赘述，主要的研究内容是在整体构建模式下的翻译教学原则和发展方向。

（一）翻译教学整体构建模式下的教学原则

研究表明，对于整体构建模式下的翻译教学来说，其最终的教学目的就是将知识系统地传输到学生的大脑中，并形成形象或抽象的知识体系。

当然，对整体构建模式下的翻译教学来说，要想顺利发展和实施得当，就要遵循相关的原则，具体如下：

1. 教师观原则

在整体构建模式的指导下，翻译教学的主要构建者就是教师，这在一定程度上确立了教师在教学活动中的特殊地位。

与此同时，为了达到预定的教学目标，教师还要对学生在一定教学模式的指导下进行一定程度的引导。

教师需要根据整体构建模式的指导从自身层面对翻译教学进行知识体系的整体构建，只有这样才能在引导学生学习的过程中游刃有余。

因此，在教学实施的过程中，教师要尤其注意学生的个性化发展和创新，充分调动学生的主观能动性，让学生在特定的环境中能够根据教学要求建立起属于自己的翻译知识体系。

2. 学生观原则

在整体构建模式中的翻译教学里，学生的角色就是教学活动的主体，要形成一个关于翻译学习的观点，就是要树立知识体系的整体构建。

由于学生在进入大学之前对于英语的学习已经有了一定的经验，在翻译教学的实践中学生应该将自己以往的经验应用到现在的翻译学习和翻译实践中，对自己的专业和知识进行整体构建，最终提高翻译能力。

3. 整体互动观原则

应当说，不管是传统的教学模式还是现代创新型教学模式，师生之间的沟通都是必要的。

在以整体构建模式为基础的翻译教学实践中，师生互动是教学实施的根本，也就是说在翻译教学整体构建模式中，教学实施的过程中要根据整体环境去设立或提出师生教学互动的所有问题。

例如，教学实践中对某一单词进行的翻译教学，传统的教学方式仅仅是解释该词语的具体意义，而整体构建模式中的教学则不同，它不仅要解释词语的具体含义，还会在当前环境的基础上，将更高层面的语用意义教授给学生。

当然，采取的方式主要是引导，也就是说教师要彻底改变以往的教学模式，在讨论语用功能对等的时候，要分别考虑到语言意义和语用意义，而学生也应该从这种全面的对等中形成并构建自己的知识体系，

（二）翻译教学整体构建模式下的创新发展方向

不管是课堂上的教学实施，还是课外的教学实践，在翻译教学整体构建模式的基础上都进行了整体构建结合。

与此同时，在翻译教学的实施过程当中，不管是教师的教还是学生的学，都是仅仅围绕整体构建模式来进行的。这对于翻译教学的质量起到了积极的作用。

总体说来，在整体构建模式基础上发展出来的翻译教学，其创新发展主要围绕以下几个方面：

1. 朝着引导教师向翻译教学整体构建模式的方向创新发展

以整体构建模式发展出来的翻译教学，虽然教师是重要的、不可或缺的组成部分，但教学发展的重点已经从传统的以教师为中心转移到了以学生为中心上。

教师的身份已经发生了根本性改变，从知识传输的主导者变成知识输送的引导者，这时候的教师身份已经转变成知识的整体构建师。他在教学实施的过程中，将学生作为教学的中心和重点，从学习方向、学习内容和实践等方面对学生的知识体系进行整体的构建，使翻译教学能顺利进行。

由于当前社会人们对翻译人才的要求越来越高，任何一名翻译

人才要想适应社会的需要，不仅要在第一、第二语言中具备非常出色的能力，还要具备一种超语言的能力。

这种超语言能力对教师提出了一个要求，就是翻译教学模式应该在整体构建的基础上向更优的方向发展，只有这样培养出来的人才才能适应社会的需要。

2. 朝着引导学生向翻译学习整体构建模式的方向创新发展

在我国传统的教学实践中，教师是课堂上的完全主导者，对于学生要学的内容，教师有完全的操控权，当他们将相关的知识和理论教给学生之后，学生的工作就是通过大量的练习，使知识或技能烂熟于心。

在整体构建模式中的翻译教学则不同，教师的角色也发生了相当大的转变，这时候教师的任务就是通过积极引导，让学生积极地参与翻译学习整体构建模型图式，并在这个模式中进行相应的知识积累和问题思考。

在这种教学模式中，学生的角色从一个被动的知识接收器，变成了主动寻找与探索知识和技能并积极进行整体构建的主人。

这种转变体现了学生在教学实践中的主体地位，充分调动了学生学习的积极性，对学生知识的积累和能力的提高大有帮助。

3. 朝着引导教学过程向翻译教学整体构建模式的方向创新发展

与传统的重视教学结果的翻译教学相比，基于整体构建模式中的翻译教学要更加提高学生的独立个性和教学过程。

这种教学模式要求教师和学生以及学生和学生之间要对相关的教学内容进行非常充分的交流和互动，与此同时，学生本人也应该积极参与教学的每个实践环节，使教师和学生都能朝着注重教学过程整体构建模式的方向创新发展。

在翻译教学的整个实施过程中，不管是教师还是学生，都要在整体的基础上，从整体最优出发，对自己的教学模型或知识模型进行全面构建。

这种教学模式中的教师首先应将教学中的语义、内容以及实践等反映教学过程的内容进行整体构建，并形成相应的教学模型图，而学生的工作就是在这个模型图的基础上构建和完善自己的知识体系模型图，同时在构建或完善的过程中提高自己的实践能力。

总之，只要教学双方都朝着翻译教学整体构建模式的方向努力，翻译教学就有了一定的创新和发展动力。

二、中国文化语境中的翻译教学模式

随着研究和实践的不断深入，教学模式的创新与发展也在不断形成和完善。

总体来说，教学模式的发展方向通常是由传统的归纳型教学模式向创新的演绎教学模式发展，从内容或方式比较单一的教学模式向内容和方式趋于多元化的教学模式发展，由以教师为中心的“教为主”的教学模式向以学生为主的“学为主”教学模式不断发展等。

（一）翻译语境论

在讨论翻译教学模式的构建以前，我们首先要对语境有一个初步的了解。这个概念的发源时间是20世纪的90年代，之后就引起了广泛关注和深入探讨，形成了不同的流派和理论取向，其中有代表性的两个国家就是英国和美国。

随着人们对翻译理论研究的不断深入和拓展，语境在研究中的地位和作用越来越明显，其本身的张力在日益加强，其在研究文本的同时越来越注意到语境所产生的重大影响。

在研究翻译教学模式的变革之前，有必要对影响翻译颇深的语境进行一番探讨。这么做的目的就是使研究出来的翻译体系，不管是在理论思考还是在语料分析，或者是在翻译学上，都能更加完善。

作为一名翻译工作者，在翻译实践中，首先要对翻译中两种语言所在的文化有所了解，这种双语文化意识让翻译者在实践当中不仅要对原文本的文化内涵有所观照，还要照应到翻译目标语内容上的文化内涵。

因此，对译者来说，在进行翻译之前就要对相应的文本和所涉及的文化有相当程度的了解，之后才能制订科学的翻译决策。

对于翻译实践来说，要想使翻译出来的作品在适应目的语社会的同时尽量贴近源文本，就要求译者与源文本的作者尽可能多地互动和交流，只有这样，才能尽最大可能翻译出源文本作者想要表达的内涵。

如果在翻译的过程中只是关注文本，而忽略了源文本的作者，那么在源文本的理解和解释上会造成不小的难题。例如，源文本的创作背景、写作目的等，都会成为目的语译本理解的难题。此外，有一点非常重要，那就是要注意目的语社会中读者的喜好。

（二）翻译课程建构

这里，我们将课程模式研究的背景设定为中国语境文化。当前，中国的翻译教学模式存在着很多根深蒂固的问题，这些问题的解决通常需要长时间慢慢梳理。

因此，在探讨中国翻译教学模式的时候，要从翻译教学存在的问题和翻译的需求入手。

下面我们将从影响翻译教学的教材、学生批判性思维、学习和实践的对接、师生之间的知识积累和视野开拓以及教学资源的利用等方面进行有针对性的论述。

通过图 4-1 能直观地看到这些因素之间的相互关系，课程的实施需要教材的合理构建、教师与学生双方的视野开拓、对教学资源的充分利用、学生培养与职场需求的对接，在此基础上形成的批判性思维会直接影响翻译策略的选择。

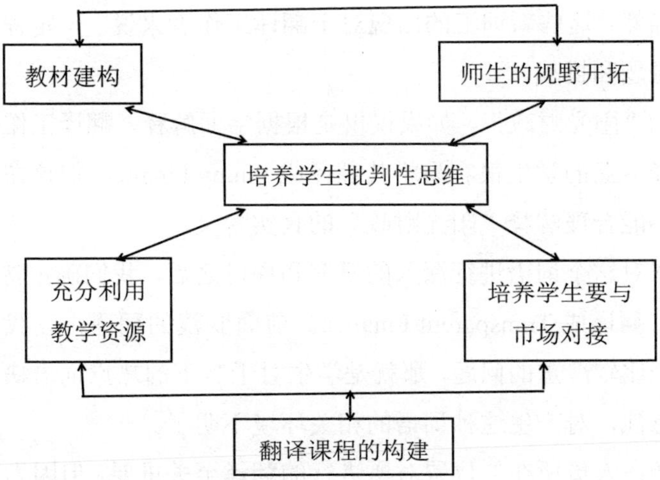

图 4-1　翻译课堂教学模型

1. 对翻译教材建构的设想

不管是传统的教学模式还是新型教学模式，可以说教材的地位都是非常重要的，不同点就是教学模式对教材的依赖程度。

相对来说，传统的教学模式更加依赖教材。但通过对当前环境中存在的教材来说，主要的侧重点就是相关理论的论述以及翻译技巧的重点训练。

由于翻译工作的特殊性，对教材的要求自然不一样。与其他学科的教材相比，翻译专业的教材要求与时俱进，同时要有一定的包容性和复合性。

通过对最新的研究成果和理论的收录，让翻译的实践工作者能跟得上时代的步伐，而不是闭门造车，能够根据外界的变化对语言和翻译策略进行调整。

当前环境中的中国，新事物不断出现，中国社会在引进外国文化的同时进行着相应的文化输出。尤其是最近几年，汉语中的新词汇不断出现，如“打铁还需自身硬”“阳光财政”等，这些就具有鲜明的中国特色，具备鲜活的时代特征，它不仅反映出当代社会的活力，还反映出当代社会中人们对事物的观点和看法。

当然，这些新词汇的出现对于翻译工作者来说，一定程度上带来了难题和挑战。

如“阳光财政”，如果仅仅是根据字面解释，翻译工作者尤其是翻译专业的学生很容易将其翻译成 Sunny Finance，但这在理解层面并不能合理解释“阳光财政”的真实含义。

在对这个词语进行深入的研究和探讨之后，我们确定将“阳光财政”翻译成 Transparent Finance。前面肤浅的翻译，让我们认识到一个比较严重的问题，那就是学生对于当下的热点词语缺乏一定的敏感性，对产生这种词语的相关环境不明了。

翻译人员所在的位置对所进行的翻译至关重要，但因为对很多现行流行语不了解，会造成严重的后果。

因此，在翻译实践过程中要想切实完成相关的翻译工作，正确顺利传达出想表达的思想，就要对相关的文化语境有一个准确的理解和解读。

2. 对学生批判性思维的培养

所谓的批判性思维，就是以现有的知识、逻辑常识为基础，对出现的问题进行深入思考和理性辨别，并确定其正确性。

翻译中的批判性思维就是在对待特定文本的时候，技巧性地评价其中的思想和信息，然后对表达出来的内容和信息根据以往的经验进行取舍。

任何一项翻译实践都需要这种思维的存在，这对于蕴藏于文本之中的内涵、作品创作的背景、作者创作的意图以及歧义的发现和辨别等都有重要的作用，进而保证翻译出来的作品，不管是在逻辑上，还是在文字语言的连贯上，都有最佳表现。

很多翻译工作者在翻译实践中经常会无意中犯这样一个错误或者说是陷入了一个翻译实践的误区，那就是对语言信息的过分关注，将更多的注意力或心思放在语言信息的转换上面。

我们知道一本有深度的文章或作品，隐藏于文字下面的内容或信息才是作品真正的领会，也就是对言外之意的精确解读。

对翻译工作者来说，走出误区的一个重要手段就是批判性思维，这种思维让翻译者在翻译的实践中能从多个角度或以更立体的方式来斟酌原文和译文，翻译出来的作品自然在深度层面就具有优势。而辩证思维的产生与发展的基础就是要对语言的语境有非常清晰的认知，对文化语境有更加深入的理解和思考，并且能正确判断情景语境。

3. 学生培养与职场要求的对接构想

我们知道，当前产品生产的最佳模式就是定制模式，这种模式既实现了生产销售的高效，又避免了产业过剩而导致的浪费。

这种模式对翻译人才的培养也有一定的启发作用，翻译作品质量的好坏或者说高质量的翻译服务的基础就是翻译的需求方和翻译的提供方之间的良好合作。在合作之前，双方都要对对方的目标和要求有一定程度的了解。

对于翻译服务方来说，要想保证翻译的质量，就要在翻译的过程中加强管理，这个过程管理存在于翻译的所有工作之中，也就是翻译之前的准备工作、翻译中的实施工作以及翻译后的检查反馈和评价工作。

只有每个环节都符合规范要求，翻译出来的作品才能保证质量，翻译的服务体系才会完善。

除了上面所说的翻译技术和翻译管理两个层面对翻译的结果影响大之外，还有一个层面是不容忽视的，那就是目的语市场的文化和政治，这对于翻译成果来说影响也是非常重大的，因此要格外注意。

当然，在翻译课程建构的过程中还少不了教师和学生的教学视野开拓，教师在教学的过程中不仅仅是将自己掌握的知识用引导性的手段让学生掌握，在引导的过程中，学生在翻译上相关的视野也会得到一定程度的开拓和拓展，这对教师之后的翻译教学工作都是非常有帮助的。

因此，在实际的教学计划中应尽量将文化语境视野纳入其中，并实施到教学过程的每个环节。

此外，教学模式的构建还离不开对资源的充分利用。我们知道现在的教育资源分配相对不均衡，教师要尽可能通过更多的途径让教学的过程充满趣味，积极调动学生主观能动性，为学生创造更多的翻译实践机会，通过不断的实践和资源的充分利用，使学生掌握扎实的翻译技能，以适应社会发展的需要。

不管时代怎样发展，学生学习的最终目的就是要应用到实践中，并产生相应的价值。这也就要求翻译教学要时刻关注社会对翻译工作的需求。

要求翻译专业的学生不仅要有与专业相关的具体技能和知识，还要对现行社会中的很多技术或现状有更多的了解。因为文化语境是在不断变换着的，它的变化必然会对翻译的具体决策产生不同程度的影响。

职业课程培训的实际理念对于翻译人员的专业技能来说具有一定的决定性作用，设计理念越先进，培养出来的人才的适应性就越强。

因此，翻译课程在设计的时候要充分考虑社会市场的需求。

第二节　英语翻译能力的认知与培养

一、对翻译能力的认知

通过翻译教学培养出来的学生会掌握一定的翻译技能，这也是他们在社会上生存的主要手段。那么客观认识翻译能力就成为一个非常重要的课题，下面对翻译能力的定义和特征进行阐述。

（一）翻译能力的定义

翻译能力指的是译者所必需的知识和技能系统以及能够灵活恰当地运用这个系统以完成翻译活动的能力。

通过对这个定义进行解读，我们发现所谓的翻译能力就是要以翻译相关知识和技能为基础，以此发展出来的知识应用和技能运用的能力。由此可知，翻译能力的基础是翻译的相关知识和技能。

关于翻译能力的定义或概念，不管经过怎样的研究，进行怎样的语言组织，我们发现与翻译相关的知识和技能是谁都不能避免的两个重要组成部分。

翻译不仅仅强调技巧和知识，还要在界定翻译能力时，关注翻译的整体性和系统性，二者之间相互兼顾和统一。任何部分（个体）知识和技能的培养、发展都不能构成理想的翻译能力。

（二）翻译能力的特征

从不同的视角看，翻译能力具有综合性、动态开放性、极强的交际取向、建构性的特征；在不同的发展阶段，翻译能力的复杂性、开放性、历史嬗变性、异质性、情境性、近似性，都属于翻译能力的典型特点和特征。这是纽波特对翻译能力的典型概括。

1. 综合性

翻译过程中译者需要涉及不同的领域，真正的翻译能力是一个整体系统，译者的知识面越宽，各种综合能力发挥的作用越强，综合性是翻译能力最明显的特征。例如，一个只具有语言学知识的人，我们不能说他具有翻译能力，单独的某个能力难以形成翻译能力。

相关能力涉及的范围包括心理的、技术的、生理的、语言的、文化的、专业领域的等等，不一而足，范围广，才能说明译者具备了翻译能力，同时，有利于翻译能力的发展和翻译行为的开展。

任何一个分力的缺失都会影响翻译行为和翻译质量，实际的翻译过程中译者必须综合各方面的能力，最终完成翻译任务。

2. 动态开放性

翻译能力的动态开放性主要是指译者的翻译能力始终处于发展变化的状态，并不是一成不变的，表现在能力形成过程的非终结性，表现在翻译能力构成因素方面，表现在翻译能力随时代的发展表现出多变的特征。

国际在政治、经济领域的交往日益加深，在翻译能力的形成和发展过程中，翻译能力的动态开放性是多样的、动态的，时代不同，对翻译能力的界定也不同。

随着时代的发展，构成翻译能力的因素很难对翻译能力在范围和范畴方面进行截然的界定和划分，译者翻译的文本涉及方方面面，新闻、法律、产品宣传资料、商业文件、金融等方面的实用性文体翻译的数量迅速增加。因此，译者已经获得的翻译能力始终与新获得的翻译能力进行整合、内化。

对翻译能力的构成因素进行量的划分，对于翻译能力的发展是不利的。对翻译能力进行界定是不现实的，而且对于翻译能力的培养同样是不利的。

译者在不同领域的能力越强、掌握的知识越多，对翻译能力的培养和发展就越有利。对翻译能力的界定进行历时的纵观可以发现，人们对翻译能力的界定在初始阶段比较单一。

进入信息社会，翻译能力的动态开放性开始强调对查询相关信息的能力、专业领域知识的掌握能力等等。因此，翻译能力中就信息的大量传播和交流对翻译提出了更高的要求，人们对翻译的理念和要求不同，翻译的方式发生了改变。

信息量的增加，使得一些诸如缩译、摘译或编译等翻译方法成为必要；新技术的发展和应用，对于翻译工具和翻译软件的掌握与应用等，要求译者具备在翻译过程中利用先进的技术接受与处理信息的能力。

整合以上信息可知，翻译能力由单一到综合、由一元到多元发展的趋势，呈现出简单到复杂的变化，随着时代的发展和社会的进步，这种发展和变化会继续下去。

3. 交际取向

在翻译过程中，在现实的交际中，都会存在语言障碍。因此，翻译能力的另外一个性质总体上体现为一种交际能力。

翻译能力是以交际为取向的，译者将内化的各种能力激活，是交际过程中的一种方式和手段。

从起源来看，翻译本身并不是目的，进行交际是翻译的最终目的，这种交际能力实际上是各种能力的综合和整合，是针对翻译过程中出现的问题及时采取相关措施进行分析和解决，最终生产出译文，实现交际的目的。

总体而言，翻译是一种交际活动，其应用性极强，不同的翻译能力形成了成功交际的前提和条件。

翻译能力体现出译者交际能力的高低，同时发现自己不具备的能力，成功的交际服务，体现在译者与客体之间、译者和其他主体之间，由此产生了翻译。

综合翻译能力可知，各个翻译能力形成了一种向心合力，这种合力共同为成功交际的实现发挥作用，同时指向特定的交际目的。

（1）社会人。鲁滨孙认为翻译研究应该涉及社会研究，译者与不同人员的沟通交流、读者、客户的需求等等。将从事翻译活动的译者定位为处在不同人际关系中的社会人。

（2）翻译功能学派。翻译功能学派的代表人物诺德认为构成翻译能力的核心在于最终生产出符合客户要求的译文。同时，译者与翻译过程中涉及的各方保持积极互动的关系，认为翻译能力培养的终极目的在于交际，在于实现预期的交际目的，文本的决定性标准是其交际功能。

（3）交际角度。科利纳认为从交际的角度来审视翻译能力，交际翻译能力包括四个方面的能力：

译者与源文本及其所在语境相关的人、与翻译过程中的所有参与者互动的能力；

生产出符合相关语境和特定任务要求的译文的能力；

译者运用自己的母语进行交际的能力和外语交际能力；

译者的跨语言、跨文化进行交际的能力。

二、英语翻译能力的培养

要想尽快培养出学生的英语翻译能力，就要鼓励学生修改译文，分析项目，积极参与真实翻译项目。

（一）大胆讨论

我们可以使用大脑风暴，对学生在翻译过程中出现的翻译问题进行归类，翻译策略以异化翻译为主，语言通顺，符合目的语读者的期待视野。

教师比较学生的翻译，确定文本的类型，基于所获得的反馈和翻译结果，必要时就如何改进译文提出建议，为了满足学生需求，可以不断调整计划。

例如，对于旅游文本的翻译，可充分讨论，传递源语地区的文化和历史，以此为基础，目的是吸引更多的游客。

（二）树立正确的观念

学生通过合作性学习，在翻译中学习，在学习中翻译，不断提高自己的创新能力，善于交流，提高双语能力，不断积累语言知识，比较译文，在词汇、句子选择中获得快乐，充分发挥自己的语言水平，树立终身学习的观念，丰富百科知识。

学生通过翻译提高分析问题和解决问题的能力，集中集体智慧，提高跨语言、跨文化分析的能力，发布最佳译文。

（三）项目化翻译教学的培养

在项目化的翻译教学中提高学生的翻译能力，主要概括为译前能力、译中能力和译后能力。

1. 译前能力

工具准备和翻译职业能力的准备等都属于译前能力的范围。

（1）工具的准备。文字处理软件、词典、翻译软件、网络信息技术等都属于工具的准备，要积极使用这些基本的工具。

（2）职业能力。交际能力、合作能力、职业道德、价值观、工作态度等都属于职业能力，与组员的团队协作能力、积极的工作态度、对项目的责任心及一定的交际能力等这些基本的职业能力都是学生目前已经具备的。

2. 译中能力

文化能力、转换能力、研究能力、译者翻译能力、语言能力和语境能力等都属于译中能力的范围。

译中能力需要学生在翻译过程中把握翻译的方法、策略、翻译述要等，是一个隐性翻译范畴。

3. 译后能力

能否保证译文按时完成、能否应对客户需求而进行修改、是否提供高质量的译文、能否遵守保密协议等都属于译后能力。

由此可见，翻译能力是多方面的综合体，翻译教学已经不仅仅是语言层面的教学，更多的是译者素质和译者能力的培养。

翻译能力涉及整个翻译过程，包括语言、文化以外的因素，在翻译教学中，从译者的管理、客户的需求、翻译述要的把握、项目的选择、译文质量的监控等都是学生综合素质的体现。

译者是译文的最终决定者，教师的工作就是咨询服务并对教学或实践中的每一个环节进行设计与安排。

第三节　英语翻译能力测试

一、翻译能力测试的目的

翻译能力测试就是考查受试者在一定时间内完成特定翻译任务的能力，正如穆雷所认为，翻译能力测试是用来检验被测对象对翻译实践能力掌握情况的一种手段，涉及对答题内容的评判，因此与翻译批评、翻译评估或评价和语言测试等都有关联。从宏观的角度看，翻译能力测试是评价翻译教学效果、提高翻译教学质量、评估个人翻译能力的重要手段。正如席仲恩指出：无论是对于翻译教学效果的科学评定，还是对于一个人未来能够胜任特定翻译工作的可能性的估计、一个人现在翻译绩效的测定或一个人能否从事特定翻译工作的能力的认定，都涉及翻译能力测试。

如果说语言测试重在考查语言的交际能力（包括口头和书面两种），即对某一种语言的词汇和语法运用能力、构建语篇的能力、语境应用能力以及理解能力等，那么，翻译能力测试则重在考查受试者的翻译能力，即双语转换能力，包括双语的理解能力和表达能力（具体说来就是两种语言的词汇和语法在语境中的运用，用另一种语言构建语篇却又表达原语意思和语气的能力），双语的运用能力，还包括处理两种文化的能力。翻译能力测试的目的就在于考查翻译学习者用通顺的目的语忠实地传达出原文的意思和语气（风格）的能力。

具体说来，就是考查翻译学习者根据两种语言的异同能否做到在具体语境中选词适当、在目的语中句式结构使用合理，用这些句式构建目的语语篇是否既能既能传达原文意思和文化信息，又能保证其表达为目的语读者接受。

当然，这些内容本身如前文所讲属于翻译教学的内容，所以对翻译学习者的这些能力进行测试本身就是检验其课堂所学的重要手段和方式。

因此，翻译能力测试是翻译教学过程中的一个重要环节，因为通过测试可以检验教学的质量，了解翻译学习者对所学语言知识和翻译技能的掌握情况，以便对以后的翻译教学做出改进，也可以通过测试对学习者的翻译能力做出判断，从而让学习者本人意识到自己是否有能力、有资格在毕业后从事翻译工作。

使用翻译能力测试对学习者的学习来说更是一种激励，激发他们在平时的学习中不放松、不懈怠。

当然，教学的最终目的并不在于测试，而是督促学习者学到真正的东西，包括对翻译历史的简单认识、对两种语言的异同及翻译技巧的掌握以及语篇的构建能力，从而让学习者具备独立完成翻译任务的能力。

二、翻译能力测试的形式和内容

在中国，有记载的翻译能力测试始于清代科举考试，测试的形式比较简单。据记载，某年同文馆翻译考试的初试是把外国照会译成汉文，复试是将某条约中的一个片段译成外文。近年来，我国的翻译能力测试得到了一定的发展，但是就目前国内的研究看，不少人表示对当前的翻译能力测试试题设计（包括内容和形式）的现状不是非常满意。

因此，这种译而无论的思想会使学生陷入盲目实践活动中，难以有效地与相应的教学阶段接轨，不把理论和技巧知识融入测试过程，单一的命题方式无法系统、明确地考查学生的理论知识水平和技巧运用能力。

教学达不到培养学生自觉运用理论、技巧进行翻译的目的，学生会认为不懂理论一样能应付考试，也能应付翻译，翻译理论、技巧教学就失去了吸引力。

试题过难或过易，段落或篇章性翻译很难反映出阶段性教学的内容，命题方式简单化，不论哪种情况都会导致试题失当，都会拉近学生得分的差距。这种测试结果不能反映学生的实际水平，可信度低。

穆雷于2000年指出，20世纪90年代之前，大多数高校的翻译能力测试基本上是一两篇短文翻译，虽然90年代以后，翻译能力测试开始逐渐“改头换面”，增加了其他题型，但在调查中发现只有20%的学校仍然保持原状，只有一种题型，50%的学校除句子翻译和短文翻译外，另有回答问题或改错等题型，但一般不超过三种题型，只有一两种题型的学校占大多数。

因此，翻译能力测试的内容和形式需要改革。在内容上要反映课堂所教和所学；在难易程度上要注重分级，体现低、中、高三种难度，其中低难度的题要占60%～70%，中难度的题应占10%～20%，高难度的题占10%～20%；在形式上既不要过于单一，不应为追求多样而将试题变得五花八门。

保持适当的试题形式，既可以考查翻译学习者的知识深度和技能运用的综合能力，又可以扩大试题的覆盖面和考试重点，更好地发挥翻译能力测试在翻译教学中的检查、督促和评价作用。

大家普遍认为，翻译能力测试实际上旨在考查翻译学习者的翻译实践能力，而翻译能力主要是对原语和目的语的理解与分析能力、应用和转换能力以及跨文化知识和跨文化交际能力，具体则包含词汇、句法、文体知识和文化知识、语篇构建等因素的应用。

对于这种学业成就测试，普遍认为应该包括客观题和主观题两种，其中客观题可以是正误判断题、多项选择题、填空题等，主观题包括问答题、句子翻译、段落翻译、译文评析等。还有人认为改错、转换、匹配、编译等也是翻译能力测试可选的题型。不管何种题型，关键在于这样的试题内容是否真正能够考查学习者的翻译能力和水平，是否具有科学性和针对性。测试题型可以多种多样，但应明确翻译的目的、重点及学习者的水平层次等因素。

三、翻译能力测试评分标准和效度

翻译能力测试的评价标准必须依据翻译能力测试的内容和形式进行制订。

（一）填空题

对于中国翻译简史的填空题，因为选择单一，所以基本上属于客观题，错就是错，对就是对。

但要注意，如果写了错别字，也应该算是错的，这样可以督促翻译学习者认真写字。

（二）句子翻译和篇章翻译

关于句子翻译和篇章翻译这样的翻译实践能力测试，其主观性较强，所以其评价标准不可避免会受到人为因素的干扰。

1. 人为因素干扰

毫无疑问，每位评分者都有个人的观念及个人的风格和策略。

实际操作中，对这部分试题，教师应该制订明确且可行的评分标准，每个分数段要有明确的描述语，这就是我们所说的阅卷信度或测试评价信度问题，而不应该只凭印象。

宋志平指出，翻译实践的评分不能以某一名家的译文作为唯一标准，要充分考虑受试者的实际水平，尤其要参考预测所得中等水平考生的译文质量，如有两种以上可行的译文，则应按其优劣程度尽量列出。评估结果可分为优、良、中、及格与不及格五个等次，或以具体数字分值体现。

2. 具体客观评分

对于句子翻译的评分标准，我们认为可比较具体，毕竟句子比较短，而且这种题型对翻译技巧具有针对性。以每题满分为 3 分计算，英译汉和汉译英的具体标准如表 4-1、表 4-2 所示。

表 4-1　句子英译汉评分标准

等级	具体评分描述	得分
1	意思表达准确，文字简练，汉语措辞准确，使用翻译技巧得当	3
2	意思表达基本准确，汉语措辞基本准确，使用技巧得当	2.5
3	意思表达大部分准确，有个别词理解错误，汉语措辞比较准确，使用技巧得当	2
4	意思表达有一半是正确的，汉语措辞比较得当，使用技巧比较得当	1.5
5	意思表达少部分结构是正确的，汉语措辞不流畅、不恰当，使用技巧不得当	1
6	意思表达只有少部分单词正确，汉语不流畅，技巧不得当	0.5
7	没有传达原文的意思	0

表 4-2　句子汉译英评分标准

等级	具体评分描述	得分
1	意思表达准确，用词和语法得当，使用翻译技巧得当	3
2	意思表达基本准确，英语用词和语法得当，使用技巧得当，但有个别拼写错误	2.5
3	意思表达大部分准确，英语用词和语法有个别错误，使用技巧得当	2
4	意思表达有一半是正确的，英语用词和语法有错误，使用技巧比较得当	1.5
5	意思表达少部分结构是正确的，英语用词和语法错误较多，使用技巧不得当	1
6	意思表达只有少部分单词正确，英语不流畅，用词和语法错误很多，技巧不得当	0.5
7	没有传达原文的意思，英语用词和语法均不正确	0

对于语篇翻译的评分标准，不能像句子的评分标准那样细致，可以给出等级，每个等级有些上下浮动。以每题满分为 20 分计算，英译汉和汉译英的具体标准如表 4-3、表 4-4 所示。

表 4-3　语篇英译汉评分标准

等级	具体评分描述	得分
1	准确传达出原文的意思、风格和语气，中译文用词恰当，表达流畅，文字简练，措辞准确，或可能有 1～2 处词意传达不当和表达少有欠缺	18～20
2	译文基本传达出原文的意思、风格和语气，译文总体清晰、通顺、连贯，无重大理解错误，但有 3～5 处词汇、短语、句子或内容的理解有出入	16～18
3	译文大部分传达出原文的意思、风格和语气，译文总体还比较清晰、通顺、连贯，但有少部分漏译或误译	12～16
4	译文只有大约一半能传达出原文的意思、风格和语气，漏译或误译较多，译文大部分可读	8～12
5	译文大部分未传达出原文的意思、风格和语气，大部分属漏译或误译，译文可读性较差	8 分以下

表 4-4 语篇汉译英评分标准

等级	具体评分描述	得分
1	准确传达出原文的意思、风格和语气，英译文用词和语法恰当，表达流畅，文字简练，措辞准确，或可能有 1～2 处词意传达不当和表达少有欠缺或拼写错误	18～20
2	译文基本传达出原文的意思、风格和语气，英译文总体清晰、通顺、连贯，无重大理解错误或英语用词和语法错误，但有 3～5 处词汇、短语、句子或内容的理解有出入	16～18
3	译文大部分传达出原文的意思、风格和语气，英译文总体还比较清晰、通顺、连贯，但有少部分漏译或误译或者中式英语，或有一些英语用词或语法错误	12～16
4	译文只有大约一半能传达出原文的意思、风格和语气，漏译或误译较多，中式英语较为严重	8～12
5	译文大部分未传达出原文的意思、风格和语气，大部分属漏译或误译，英译文可读性较差，中式英语很严重	8 分以下

第四节　英语翻译教学评价体系构建

我国大学英语翻译教学由于受到传统写作教学理念和其他因素的影响和限制，评价方式过分强调结果，评估内容单一，长期以来忽略学习过程，大多以机械化评估标准为主导，不利于促进学生翻译能力全面发展，难以对翻译课堂教学过程形成良性刺激。因此，建立合理的教学评价体系至关重要。

一、大学英语翻译教学评价体系现状

大学英语教学总体以考试成绩来评价学生的学习能力和教学质量，停留在终结性评价的层面上。由于缺乏后续课程，在大学英

语课程评估后，往往将所学知识全盘“归还”给老师。

目前部分院校以全国高等学校英语能力考试作为衡量教与学优劣的唯一依据，大学英语翻译教学考核评价的现状没有特色、主体单一、内容片面化和过程不到位是主要问题。

（一）考核评价方式无特色

校内专业课的理论教学、校内教学实训和校外实习是大学英语翻译教学三个阶段。

造成大学英语翻译教学没有跨出教学与考核的传统框架的主要原因是注重期末考试而忽视平时考核，注重理论考试而忽略实习考核。

目前绝大多数师生重视理论教学而轻视实践教学，这就无法培养学生的专业技能，由此可见，大多数学校的教学依旧没有脱离理论教学的藩篱。

（二）考核评价主体单一性

全方位的考核评价包括多角度、多层面、多渠道对学生进行考核评价，然而，大多数学院对学生教学的考核主体具有单一性、片面性。任课教师和指导教师只根据学生的作业、表现和考试给出考核成绩，局限于任课教师和指导教师的考核评价，没有从实际应用出发，无形中增加了任课教师和指导教师对学生考核评价的权利和分量。

这种考核评价和考核成绩，依赖任课教师和指导教师自身的主观判断，考核结果不科学、不客观。

（三）考核评价内容片面化

没有多角度、全方位地涵盖各阶段内容的全面考核，对学生的个性化发展缺乏关注，只是局限于校内专业理论考核和实践考核。

在大学英语翻译教学的内容考核方面，教师理论课考核评价的内容只是根据考试结果和学生的实习报告给出考核成绩，背离了职业教育要让人人都成才的目标。

考核忽略了学生创新精神的培养，忽视了学生动手操作能力的拓展，缺乏对学生综合职业素质的重视。

（四）考核评价过程不到位

没有深入地、动态地考核评价学生，基本上按照“讲授作业—期末考试”的流程组织教学。

教学部门对任课教师的教学和学生成绩考核只注重结果的静态评价，只停留在机制运作的基本层面。

很多授课教师在翻译理论课的教学中，以“课堂表现—作业情况—期末考试”结果为考核依据，结果的检查都是形式上的操作，考核忽略学生动态的发展。

二、“同伴互评”评价模式

与传统翻译教学模式相比，“同伴互评”的课堂教学模式强调以学生为中心，避免了遏制学生学习翻译的积极性、主动性与创造性，加强了翻译认知过程的内因和外部情境的设置，同时有利于优化课堂教学环境，形成一种多维互动的教学过程，促进学生相互交流，激活学生思维，提高课堂教学质量，激发学习兴趣。

“同伴互评”教学模式的构建，可以不受时间限制，培养学生主动获取信息的能力，不受空间限制，有利于提高创造性思维的能力。“同伴互评”教学模式引发教学理念的转变，适应信息化社会对实用性人才的需求，可以为教师的个性化教学提供极好的机会。

（一）“同伴互评”评价模式简介

“同伴互评”教学模式弘扬团结协作精神，突出生生之间、师生之间的信息传递与交往，以新建构主义、合作学习理论以及现代交往理论为导向，力求体现“以学生发展为本”的思想核心，遵循主体性、合作性、激励性、有效性与互动性原则，强调学生主体参与和实践体验，优化学习环境和学习过程，发挥评价对学习的增值功能，与教师评阅卷有机结合，在多维互动的交往活动中推动教学过程不断深入。

将“同伴互评”引入翻译教学，可增添翻译练习的机会，减轻翻译教学批改作业的负担，培养学生的自主性，促进学生主动探究，显现小组成员互帮、互学、互评的作用，提升分析并解决问题的能力，提高翻译课堂合作学习效率的模式，从而最终提高翻译能力。

翻译教学旨在培养学生的学习能力、思考能力和翻译能力。学习能力、思考能力和翻译能力的构建是长期艰苦的过程，需要学生自身的努力，也需要翻译教师在实践课中尽可能地创造条件，创新教学方式方法。

“同伴互评”教学模式便是这样一种创新，能够培养学生积极主动地学习和有效沟通的习惯，使其尽快领悟基本翻译原理和熟练使用翻译策略，顺利地完成由学生向职业译者身份的转换。“同伴互评”的教学模式突出了师生之间、生生之间的信息传递与交往，能够显现小组成员互帮、互学、互评的作用，实现课堂的多维互动。

将“同伴互评”应用到翻译教学中来，有利于培养学生的自主学习与合作学习的能力，提高翻译质量，以及促成我国的翻译教学向以过程为取向过渡。

（二）“同伴互评”评价模式遵循的原则

1. 主体性原则

学生是知识的主动建构者，主体参与强调学生个体在教学中的倾向性、投入性行为。

主体性在课堂教学情境中具体化、对象化的体现就是学生的主体参与。没有主体参与，合作学习的产生就失去了依托。

合作学习只是现代教学组织形式的一种选择，“同伴互评”则是合作学习的一种表现形式。

2. 合作性原则

合作是“同伴互评”的核心思想。运用合作学习的基本方法，按照“组间同质、组内异质”的原则，遵循合作学习的基本规律，在实施过程中，让学生组成学习小组。如学生小组成绩分工法、小组游戏竞赛法、切换拼接法、共学式等，使其相互合作、共同提高。

3. 激励性原则

增强小组每个学生的贡献意识，教师要做一个学习的参与者和指导者，让他们体验到合作学习的成就感。在这个过程中，学习是学生表现自我、展示自我的过程，充分肯定学生的合作成果，要不断激励学生去“发现”知识。

4. 有效性原则

教师要善于引导，实现学习目标，在“同伴互评”的过程中，不断倡导小组学习格局的多极化，有效调控，提高课堂教学效率，并向新的目标推进。

5. 互动性原则

在课堂上的一切行为几乎都发生在与同伴群体的互动情境之

中，倡导教师与学生、学生与学生、教师与教师多边主体的互动合作学习观。教与学的过程要走出课堂，明确教师和学生群体之间的彼此影响，走出教师与学生双边互动过程的认识误区。

（三）“同伴互评”的翻译课堂评价模式构建

促进学生形成合作观和群体创造意识，优化学习环境，提高“同伴互评”的效率，保证“同伴互评”的切实有效进行，需从以下三个方面进行把握：

1. 教学内容选择

“同伴互评”教学模式改变了原来的由教师选择待译教材的做法，无论是教材还是课后练习的选择，为了最大限度地调动学生的主动性，学习内容由师生之间和生生之间在探究过程中共同协商、合作建构、动态生成。

在“同伴互评”教学模式中，由师生根据教学大纲，学生的需要、兴趣、特长及弱项，联系实际，教师指导个人或小组搜集材料，共同探索。

2. 加强翻译实践

学生互改译文，鼓励学生大胆创新，定期开展小组翻译交流会，敢于挑战权威，充分调动学生参与修改过程的积极性。

这些办法克服了教学中的主观性，锻炼了学生在翻译过程中的组织能力和协作能力，是一个学习提高的过程。

“同伴互评”教学模式强调对学生探究与创新能力的培养，对他人来说是一种改进，对自己来说是一个发挥主观能动性的机会。

3. 利用网络平台

在网络如此发达的今天，教师可以通过建立 QQ、微信学习群来完成讨论过程，充分发挥积极引导的作用。

采用“同伴互评”翻译教学模式，借助网络建立一个与学生沟通的平台，增加学生学习语言的动机和兴趣。帮助同伴提高译文的质量，让学生积极地参与互相评论和矫正的过程，将课堂教学与课外实践有机结合，有效地减轻了教师批改作业的工作量。在这个过程中，通过不断增加学生翻译练习的量，达到翻译水平质的改变。

三、CIPP 评价模式

以毕业生、企业的专家、教师、学生、督导、空间教学专家等为评价主体，运用 CIPP 模式，从背景评价（C）、输入评价（I）、过程评价（P）和结果评价（P）四个环节进行分析。这里介绍前三个评价。

采用 CIPP 评价模式，可以促进课程的改进与完善，改变传统的单向教学模式，对大学英语翻译的空间教学进行评价，为大学课程改革提供了更为先进的教学手段。

（一）背景评价

课程评价以背景评价为基础，是检验课程规划的可行性、合理性、科学性。在背景评价过程中，大学英语翻译是一门典型的实践课程。学校可派课程团队通过深入调研，明确大学英语工作任务。

1. 社会能力

要有团队合作意识，有较好的职业道德，对待工作态度认真，等等。

2. 方法能力

方法能力就是分工协作与分析问题、独立工作与判断评价、自我检查与反思、信息检索与解决问题等能力。

3. 专业能力

专业能力主要有翻译常见商务名片，掌握大学英语翻译基本的理论知识，具有跨文化交际能力，能进行简单公司介绍，能进行简单广告语、常见商品、基本商务信函等介绍。

（二）输入评价

教学团队、教学设施设备和课程整体设计等，都属于大学英语翻译课程的输入评价。

1. 教学团队

（1）兼职教师。能为本课程提供专业指导，来自知名外贸企业和翻译行业，主要负责开发与实施。

（2）专任教师。信息化教学能力强，有工作经验。

2. 教学设施设备

（1）网络平台。校园有局域网覆盖，学生可随时随地上网，通过大学城账号，教师与学生实现空间互动。

（2）一体化教室。为教学做一体化硬件保障，可实现文件传输、联机考试、广播教学等功能。

3. 课程整体设计

（1）教学资源。组成丰富的教学资源库，通过课程团队和一手翻译资料等资源，集合有内容的视频、网站、文字等相关资源。

（2）教学内容，以商务翻译文本为载体，依据公司介绍翻译、商务名片翻译等学习情境。

（3）学时安排。制定具体学时，比如 10 周课堂，可设置每周 2 学时，通过大学城平台实现与老师和同学的交流互动，此外，学生可通过平台查阅学习资料。

（4）考核方式。以形成评价为主，兼顾课堂面授与空间教学。

（三）过程评价

过程评价的典型问题主要有课程实施进度和程序、教师教学特点等。

1. 课程实施进度和程序

该课程开始前，为了方便学生预习，教师应将教学计划、课件等公布于特定的空间，在特定空间的课程与面授课堂结合，严格按照教学方案教学，为学生提供真实的情境。

2. 教师教学体现特点

教师利用各种形式的网络优质资源，采用混合教学模式，注意引导学生，将课堂面授与在特定空间的指导结合。

第五章 语言学在英语翻译中的应用

第一节 语言学在英语翻译教材设计中的应用

一、认知语言学核心理念及意义

认知语言学始于20世纪70年代，是在反对以生成语法为首的主流语言学的基础上建立起来的语言学派，是一门坚持体验哲学观，以身体经验和认知为出发点，以意义研究为中心，旨在通过认知方式和认知结构等，对语言事实背后的认知规律做出统一解释的、新兴的、跨领域的学科。

认知语言学的核心理念包括以下几个方面：

第一，认知语言学强调体验和认知，认为人类认识语言的基本模式是“现实—认知—语言”，认知和语言均基于客观世界，认知又先于语言，语言是对客观世界认知的结果，是对现实进行概念化后的符号表达。语言可以促进认知的发展和完善。

第二，认知语言学以研究意义为中心，认为意义的形成依赖于人类对客观现实的体验与范畴化，是主客观共同作用的结果，因此语义具有体验性、主观性、动态性和互动性。

第三，认知语言学关注认知方式与认知结构，并通过研究认识方式来揭示语言背后的认知规律，认为语言与人类知识（包括概念结构、社会习俗、文化规约等）密切相关，是客观现实、生理基础、心智作用、社会文化等多种因素综合作用的结果，对语言的解释必须参照人的一般认知规律和百科知识。

二、认知语言学对英语翻译教材设计的启示

用认知语言学来指导英语翻译教材的编写，主要是指编者在选取教材内容和设计教材结构时要考虑到学习者的体验与认知规律，帮助学习者通过理论，认识不同语言的特点与翻译本质；通过译例，体会译者选择翻译技巧和翻译策略的认知过程；通过体验翻译练习，建构对语篇的认知。

认知语言学对英语翻译教材的启示体现在以下两个方面。

（1）编排结构应以理论为先导，以不同商务文体为单元，以语篇翻译分析为主，以词汇句子翻译分析为辅，以翻译练习培养学生理论结合实践的能力。奈达曾经说过，除非译者是绝对的天才，他才可能无需理会理论……适当的理论会有助于人们对翻译问题的理解，不仅知其然，而且知其所以然。理论之于实践，就像认知语言学的图式之于新信息。图式是大脑为了便于信息存储和处理，而将新事物与已有的知识、经历有机地组织起来的一种知识表征形式，是由相互关联的知识构成的完整的信息系统。

（2）选材应该具有实用性与针对性。选材指的是译例和练习材料的选择。实用性是指语料必须是实际生活中使用的真实语料。针对性是指选材能够根据学习者认知水平来选择与其能力相适应的材料。认知语言学指出人类语言产生的模式是：客观世界—认知加工—概念—语言符号。翻译学习者习得翻译技能首先要依靠材料的输入，然后在原有认知的基础上理解加工这些输入，形成新的认知，最后才能转换成翻译输出，因此材料的输入很大程度决定了学习者对英语翻译的认知和翻译能力的提高。大部分商务英语翻译教材的学习者是无商务经验的学习者，对商务知识了解较少，教材要帮助学生建构知识结构，补充相应的商务知识。因此商务英语翻译教材的语料应来自报刊、报告、对外宣传资料或其他的真实的翻译任务。

第二节　语言学在英语翻译中的问题

一、词汇、语句与文章含义的关系

英语词汇、语句的含义涉及上下文的相关内容，是联系英语文献作品的中心思想和作者的情感、认知、态度。整篇文章相对而言是一个整体，其表述的内涵是由词汇与语句融合所展现出来的。众所周知，词汇是语句重要的组成部分，而语句是整篇文章的组成部分，这就使得语句表述的含义对整篇文章的核心思想具有深远的影响。然而，词汇、语句和整篇文章之间的含义通常不具有一致性，例如使用隐喻后，在对文章进行理解时，就不能从文字表面的意思进行理解。隐喻是一种修辞方式，在进行翻译时，就会对翻译文章的内容产生影响。例如，“狗咬吕洞宾”，其主要表述的意思就是“不识好人心”。这句话就运用了隐喻的表现手法，同时涉及引用典故的手法，更加生动形象地表现出作者想要表述的内容，还带一些诙谐的意味。对于这样的语句，在对这句话进行翻译时，不能只停留在表面的含义上。在实际翻译的过程中，翻译者要充分地将原有词汇进行理解，将语句所使用的修辞方式进行深入的探讨，进而明确作者想要表述的含义，并依照原有的含义在另外一个语境中重新找到适当的词汇或者语句进行代替，进而能保留和传达原作的价值。

二、文本含义与作者意图的关系

在文献中，文本的含义是相对孤立和机械的。通常情况下，文本自身的含义要最大化地解释作品作者的真实意图，而对文本的解释要以作品作者的实际意图为标准。但是在不同文章篇幅中就会展现出不相同的含义。《红楼梦》作为我国古典文学中的瑰宝，在被翻译到西方国家时，由于文化和历史不同，在对这部著作进行翻译时，在西方读者进行阅读和欣赏过程中，会得到不一样的理解和感受。但是对于翻译者而言，不论是什么样的文本，均与其他文字作品无异，都承载着作者的意图。而没有作者意图的文本是没有文献价值可言的。在现今的翻译界中，很多作品的作者都认可文本自身的不确定性有一定的道理，但是发源于文学理论中的不确定性并不适合对所有作品的理解。为了有效地解决该问题，就需要翻译者以文献作品的原创作者在进行文献创作过程中真实的意图作为依据，并结合文本在不同环境中所表述意义的差异性，将作者的意图融入文本当中。在这一过程中，应注重对原创作品的信息和思想进行保留，杜绝文本被错译和误译。在对文献作品进行全面理解后，才能将作者的真实意图展现出来。这就对翻译者自身的素质和文化水平提出了较高的要求。

三、翻译者文学加工和内容忠实性的关系

在翻译者对英语文献作品进行翻译时，翻译者对作品理解的角度和深度不同，在翻译后的文献作品与原创作品的含义有一定的出入。很多时候翻译者为了能将作品更好地表述出来，会对文献的内容进行加工。由于对原文内容进行加工的主要目的是为了更好地翻译原创的文献，并非改变原文文本，这种创新后的文献，没有与原文的真实性发生冲突，也可以说，对原创文献文字进行加工只是对翻译工作的一种补偿的行为。同时基于各方面的原因，如要使文本在另一个环境中准确地展现出来，在这样的状况下就不需要对文本的文字进行加工。

在翻译中如用错方式方法，就会对英语文献的内容和思想造成一定的影响。基于这样的原因，在对英语文献进行翻译的过程中是否有必要对文本进行文学加工，是翻译者应该深入探究的问题。在对文献的文本进行翻译创作的过程中，翻译作品所展现出来的内容就会面临着个体性以及社会性的双重矛盾。翻译者需要通过对文本文字的掌握来理解其社会性，而掌握文本作者的个性语所指的是单

一意义。读者对文本的理解通常来自文本语言文字的表面意思，通常与原创作者所要表达的真实思想背道而驰。但是如翻译者能有效地将该问题存在的根源进行有效的解决，就能使读者领略到原创的作品所要表达的信息和思想。这就使得翻译者对英语文本进行翻译时，对其进行加工和创作是很有必要的，有利于英语文献的翻译工作。

第三节　语言学在英语翻译中的应用

一、深刻理解文本内涵

语言学知识应用在英语翻译时，翻译者首先要对文献的内容进行深刻的了解，不要只根据文本语言文字表面的含义进行翻译，应摆脱文字表面含义的误导，通常在英汉互译的过程中会出现很多的失误，造成这一现象的原因是源语和目的语之间有很多相似语义产生的误导，这些语义相似的语言具有隐蔽性，由于文化背景、社会体制和认知方式存在差异性，使得在一种语言下较容易理解的内容和思想翻译成另一种语言进行理解时很吃力。词汇、语句和篇章之间的矛盾和联系可以称为部分和整体之间的矛盾和联系。翻译者在对英语文献进行翻译的过程中，不仅要具有较强的语言能力，还要对翻译文献中文字的历史背景和典故进行充分的了解，并转化成被读者熟知的典故和谚语，这样才能对英语文献的内容和思想进行充分的了解。

二、以作者意图准确重构为导向

在对英语进行翻译的过程中，重构是一个工具，翻译后的文本不应该受到原创文献的制约，在进行重构的过程中，应尊重原创的作品。但是原创的文献及其作者的意图之间在很多情况下存在矛盾性，通常情况下没有产生对应。造成这种现象主要的原因是读者、翻译者、原创作品的作者之间的文化背景和生活经验有很大的差异。在这些因素的影响下，作为英语文献的翻译者应充分了解到作者和读者的文化差异，并在进行翻译的过程中对英语文献进行适当的重构。文学是一种语言艺术，没有形式就没有艺术。艺术是通过不同的媒介将其思想进行传播。尤其是在对英语的文学作品进行翻译的过程中，应最大化地将原著展现出来，使读者领略到原著的文学价值和艺术魅力。

三、进行有选择性的翻译创作

在对英语的文献进行翻译的过程中，应充分利用认知语言学的理念，对其进行创新。但是在对公文和法律文本进行翻译时，应尽量避免对文本文字进行加工的创作。在翻译该类别的文献时，应秉承严谨、简洁、明确的翻译原则。在保留原文的语言文字传统风格的基础上，适当地运用一些文学修辞手法，可以增添英语文献翻译后的生动性。在对文学类的英语文献进行翻译时，要将“适应主题”当成翻译的第一要素，在运用修辞手法时，要服从原著所要表述的思想和内容，同时在对语言文字进行加工和创作的过程中，使用能辅助读者理解原著的修辞方式，有利于提高文学作品的艺术价值。

第四节　语言学在英语翻译中的作用

一、结构主义语言学对翻译的影响

索绪尔是结构主义语言学的奠基人，他的《普通语言学教程》的出版标志着结构主义语言学的诞生。

索绪尔认为：首先，语言是一个符号系统，“语言符号是一种两面的心理实体”，“语言符号连接的不是事物和名称，而是概念和音响形象”。他把概念叫作“所指”，把音响形象叫作“能指”，并指出语言就是这样一个由“所指”和“能指”联系而构成的“表达观念的符号系统”，而这个符号系统是封闭自足的系统，系统中各个成分之间存在着相互依赖、相互制约的关系，服从于自己特有的内在秩序或内在规律。这也就意味着语言的意义是静止的、凝固的、固定不变的。强调语言和言语的区分，指出言语属于个人，是具体的、暂时的。语言是指在个人的说话活动之外互相关联而又有条理的语法关系总体。它属于社会，是抽象的。并将语言作为语言学的研究对象，注重对语言构成性规律的研究。总之，结构主义语言学将语言视为一个静态封闭的体系，注重语言符号的组合规律。

其次，强调意义的确定性和语言的共性。而意义的传达是翻译中最基本的问题之一。“翻译，不应该只是译词，还要译意。不但要译意，还要译味。”从一种语言到另一种语言，意义能否转换，如何转换，是翻译理论界长期探讨的主要问题。索绪尔的系统观让我们认识到意义是可以转换的，从而为翻译的可行性提供了理论前提。翻译学科在语言学理论的推动下继续向前。

继索绪尔之后，Georges Mounin 的《翻译的理论问题》建立在语言学的基础上，对翻译及与翻译密切相关的一些本质问题进行探讨，而这些问题远远超越了一些经验主义的范围，加深了人们对翻译的理性认识，将翻译带入科学的境地。正是翻译的语言学研究，帮助翻译从经验主义中走出来，渐渐摆脱了纯经验主义的尴尬处境，逐步进入科学的层面进行探讨与研究。

二、语用学对翻译的影响

语用学是研究语言使用和语言交际的语言学分支学科，是语言学中一个较新的领域。它研究的是语言使用者如何使用句子进行交际。强调不要孤立地去研究语义，而要把语义置于使用语境中去研究，注重语言使用中的诸多交际环境对语言的理解和运用所产生的影响。

语用学强调语境，因为语言总是在某种语境中使用的。而在翻译过程中，译者所需处理的正是语言在某种语境中的特定意义。语用学的语用意义原理要求翻译要加强对语境的分析，这有助于对原文形成正确的理解，避免译文的失误。那么语境的具体含义又是什么呢？

一般认为语境包括语言知识和非语言知识，非语言知识主要包括背景知识、情景知识以及交际双方的相互了解。随着语用学的不断发展，语境的意义也在发生变化，例如 Sperber 和 Wilson 在他们的关联理论中就提出了新的语境观。在他们看来，“交际中的语境是一个变项，是动态的，是听话人在话语理解过程中的心理构建，交际双方以一定的认知环境为背景，在不断的交流过程中，新的经历添加到潜在的语境之中，构成新的语境”。简而言之，关联理论认为，语境是在互动过程中为了正确理解话语而存在于人们大脑中的一系列假设。

语言学的这一理论对翻译也产生了影响。根据关联理论，译者在翻译时，要尽量了解原作者试图向读者传达的语境假设，从而准确理解所要表达的信息，再用目的语进行再创造。但是作者与目的语读者往往处于不同的文化背景，造成认知环境的不同。此时，译者翻译时，必须要在两种不同的认知环境中寻找最佳的关联性，才能获得最佳的等值效果。具体地说，要想获得这种最佳的等值效果，译者在翻译时，不仅要分析话语在语篇中的语境，还要根据话语与语境的关联情况进行推理，求得语境效果。

这种语境，实际上就是文化。翻译要翻译语言，更要翻译文化，它是一项跨文化的交际活动，那么真正的译者，不仅可以对语言运用自如，还了解语言背后的文化，通过不同的文化对比，做出真正对等的传译。这就使翻译走出了纯语言的境地，不单单根据词汇、形态、句法分析语言，根据上下文分析语境，还要通过语言洞察文化。翻译由此迈向更广阔的社会文化空间。

三、认知语言学对翻译的影响

认知语言学诞生于20世纪80年代末，其重要标志是Langacker著作的出版。90年代以来，随着认知语言学的发展，他的学术成果逐渐被应用到翻译学科领域，指导着翻译学科的发展。

认知语言学包括认知语意学、认知文法和认知语音学三大分支。认知文法是通过对现存语言的分析，了解其背后产生的环境及习惯、隐喻等，归纳出来的文法规则。近年来，人们对认知语言学的研究越来越深入，并开始关注隐喻的认知功能及隐喻的认知功能对翻译的影响。

Lakoff和Langaker认为，隐喻不但是语言的一种普遍现象，即语言修辞手段，而且是一种思维方式——隐喻概念体系。他们还进一步说，隐喻在日常生活中是无处不在的，不但在语言中，而且在思想和行动中，我们赖以进行思考和行为的日常概念系统，在本质上也基本上是隐喻性的。

按他们的理解，人类语言整体上是一个隐喻性的符号系统，语言使用中的隐喻只是一种表层现象，真正起作用的是深藏在我们概念系统中的隐喻概念。也就是说隐喻的基础是概念，它是从一个概念域向另一个概念域的结构映射，是从源域向目的域的映射。它帮助人们在来源于自身的经历和体验形成的概念的基础上获取新知识，理解新事物。

Lakoff和Langaker关于隐喻的认知理论对诗歌的翻译有很大的启示。诗歌是语言的精华，是人类认知世界体验的一种表达方式。诗歌的翻译是很难的，雪莱就曾说诗歌不能翻译，译诗是徒劳的。但随着研究的发展，诗歌翻译中不可译的因素在发生变化，隐喻作为跨越两个概念域的方式和表达手段为诗歌意象的表达、意境的营造提供了无限的可能。

一般认为，诗歌常常通过一系列的隐喻或意象建构一个中心概念或诗歌主题，一个主题往往表现为一个概念隐喻，一首诗就是一个概念隐喻。那么，诗歌翻译可以从概念隐喻入手，通过转换概念隐喻，实现诗歌主题的翻译。

因此，概念隐喻理论对诗歌的翻译有很大的帮助。诗歌的翻译不仅与隐喻有关，还与意象有特殊的关系。那么何谓意象？意象是认知语言学中一个重要的概念。意象是客观形象与主观心灵融合成的、带有某种意蕴与情调的东西。它是诗歌艺术的精灵，是诗歌中熔铸了作者主观感情的客观物象。译者翻译诗歌时，要努力通过语言线索解读原文意象，实现诗歌意象在目的语中成功再现，从而达到形神具备的翻译效果。由此可见，认知语言学中的隐喻、意象等概念对诗歌翻译有很大的方法论意义。